JN065509

WHAT IS
THE PROTECTION
OF RIGHTS
IN SOCIAL WORK ?

ソーシャルワークにおける
権利擁護とはなにか

「発見されていない権利」の探求

日田 剛・著
Tsuyoshi Hita

旬報社

はじめに

　筆者は国家資格である社会福祉士を大学卒業時に取得した（卒業見込みで国家試験受験）。その後20年以上この国の社会福祉に携わって，つねに問われたのは「社会福祉士って何をする人？」だ。正直，うんざりするほど繰り返し問われつづけてきたように思う。おそらく同じような経験をした社会福祉士は少なくないだろう。いい加減この問いに一つの明確な答えを提示したいとの思いから本書を執筆するに至った。

　最初にその答えの一つを示すとすると，「社会福祉士は権利擁護を行うソーシャルワーカー」である。するとまた，新たな問いが生まれてくる。「権利擁護とは何か？」，「ソーシャルワーカーとは何か？」である。じつは本書の目的はこの「権利擁護」についての概念を考察して，ソーシャルワーカーによる権利擁護がいかにあるべきかを提案することだ。ただし，この問いは漠然としており，範囲が広い。よって本書では，ソーシャルワークの視点を基盤に置き，①「権利擁護」が何を意味するのかを理論的に整理すること，②ソーシャルワーカーの行う「権利擁護」の実践とは具体的にどのようなものかを調査結果を分析しながら明らかにすること，この2点に焦点を絞った。

　社会福祉士はわが国のソーシャルワーカーの専門資格保持者と位置づけられている。専門職には必ずといっていいほど，職務を遂行する際に指針となる「倫理綱領」が定められている。日本社会福祉士会が定めた倫理綱領（日本社会福祉士会　2020）には，前文において人権の原理に則ることが明記されており，倫理基準では，「社会福祉士は，クライエントの権利を擁護し，その権利の行使を促進する（下線筆者）。」と定められている。よってソーシャルワーカーである社会福祉士には「権利擁護」が使命の一つであることがわかる。

　社会福祉士が国家資格化されて以降，登録者数は着実に増加している。年に一度の社会福祉士の国家試験は，2020年2月で32回を数えた。国家試験に合格して社会福祉士として登録された人は2020年3月時点で，24万5181人に

のぼる（社会福祉振興・試験センター　2020）。その一方で，児童虐待件数や，精神科病院に入院する認知症患者への身体拘束件数は増加傾向にあり，母子世帯の相対的貧困率は先進国の中では極めて高く，児童・生徒に限らず中高年の引きこもりケースが放って置けないほど増加している。正規，非正規社員の分断は固定化して久しく，もはや経済的格差は自明のものとされ不平等であることにあきらめの感が漂うわが国では，これでもかというほどに自己責任論が強い。挙げ句の果てには障害者の入所施設で元施設職員による入所者の殺人事件が発生するなど，この国で人権や権利がこれほどまでに剥奪される時代があったのだろうかと暗澹たる気持ちになる。

　「権利擁護」が使命の社会福祉士が増加しているのにもかかわらず，なぜ，これほどまでに権利が侵害，剥奪される問題が深刻化しているのか。それはソーシャルワーカーのもつ特性が少なからず影響しているのかもしれない。ソーシャルワーカーは時に権利を抑圧する側に加担する立場にもなるからだ。オーストラリアでは，過去アボリジニーの子どもを家族から強制的に引き離す役割をソーシャルワーカーが担っていた事実があった。ほかにも1930年代のナチス政権下のドイツでは，優生思想に基づく強制収容，避妊手術，国外退去の対象選別にソーシャルワーカーが「アセスメント」を行った事例も存在している（Ferguson 2008）。わが国に目を向けると，看護職員らの暴行により精神疾患の入院患者が殺害された「宇都宮病院事件」では，違法な死体解剖に病院ケースワーカーが関与していたとするおぞましい記録もある（富田　2015）。このような歴史的事実から，ソーシャルワーカーは専門職としての価値や倫理を遵守するよりも，組織の「やり方」を優先してしまう立場に陥る危険性を多分に孕んでいると推測できる。これは権力側につき，体制を維持することがソーシャルワーカーの役割とみなされた経験が影響している（Ferguson 2008）。当然，このような役割はソーシャルワーカーの本来の姿ではなく，むしろ否定されるべき姿であろう。ただ，残念ながら程度の差はあれ，ソーシャルワーカーとしての倫理基準とは相入れない実践を求められる現場で，ジレンマを抱えるソーシャルワーカーは少なくない。本書は，このような現実を「権利擁護を行うソーシャルワーカー」である社会福祉士こそが，変革するべきであるとの立場から展開するものである。そして

社会福祉士が行うべきソーシャルワークを見失わないための目印として「権利擁護」を論じる。

　そもそも「権利擁護」という言葉自体は，ソーシャルワークを中核的な理論・方法とする社会福祉分野で広く用いられている。しかもそこには一種独特な視点がある。つまり，他の分野で語られる「権利擁護」とは，重なる領域と異なる領域があり，区別できるという意味である。これは社会福祉の分野に身を置く立場にある人なら意外に思われるかもしれないが，たとえば法律の専門職（弁護士や司法書士）は「権利（人権）侵害」に対して，「権利（人権）救済」または「権利（人権）保障」を「権利擁護」と同義に扱う向きがある。一方でソーシャルワーカーの実践についての説明的な表現に「権利（人権）救済」や「権利（人権）保障」を用いることは少ない。この違いについては本章で詳しくみていくことにする。要するにソーシャルワークには「権利擁護」に対する独自の意味合いが存在しているということである。

　「権利擁護」は文字どおり「権利」を「擁護」することであるため，「権利」が一体何を指すのか，「擁護」とはどうすることか，についてあらかじめ標準化された解説が必要である。しかし，わが国のソーシャルワーカー国家資格である「社会福祉士」，「精神保健福祉士」の養成カリキュラムの中に「権利擁護」の明確な定義は見当たらない。日々社会福祉の現場でソーシャルワークを実践している社会福祉士や精神保健福祉士といったソーシャルワーカーは，おそらくその経験の中で，「権利擁護とはこういうものだ」との考えがあるのだと思う。それは感覚として体験的，経験的に語られる場合が多い。本書ではこの感覚のままであいまいな「権利擁護」について理論的に言語化し，実践に使える道具として提示したいと考えている。そして，このソーシャルワーカーの実践による「権利擁護」には，ソーシャルワーク独自の固有性があると仮説を立てて「権利擁護」を構築してみたい。ここであえて「構築」としたのは，実践から「権利擁護」についての構成要素を帰納的に抽出することに加え，理論として「権利擁護」を形づくったうえでそれを実践にあてはめていくという演繹的な作業を意識したからである。稲沢（2020）が理論福祉として提案したように，「特定のルールを前提として論理的に導き出す」ことで，フィクションとして社会福祉の根幹となる哲学を構

築しようとする試みにちかい。

　単なる実践の寄せ集めではなく，実践に耐えうる「権利擁護」の理論をもつこと，それがいわばソーシャルワーカーである社会福祉士にとっても，専門職としてのアイデンティティーとなり，「社会福祉士って何をする人？」の答えの一つになると考えるからだ。

　なお，本書は2019年9月に九州保健福祉大学大学院連合社会福祉学研究科博士（後期）課程に提出し，受理された学位論文「権利擁護実践に見る社会福祉士の専門性に関する研究——成年後見制度に焦点を当てた調査から」を大幅に加筆・修正したものである。

目　次

本研究の目的・構成

1　本書の目的

　社会福祉の分野では2000年前後の社会福祉基礎構造改革以降，あらゆる制度・政策の中に「権利擁護」という言葉が盛り込まれるようになった。たとえば，2000年の社会福祉法改正によって創設された福祉サービス利用援助事業によって都道府県社会福祉協議会が実施主体となった「地域福祉権利擁護事業（現日常生活自立支援事業）」には，事業名に「権利擁護」が使われている。また，2008年度からはソーシャルワーカーの国家資格である社会福祉士，精神保健福祉士の国家試験科目に「権利擁護と成年後見制度」が登場した[1]。このような傾向から社会福祉分野では「権利擁護」が，いわば外せないキーワードとして定着していったといえる。

　その一方で「権利擁護」とはどのような意味なのか，嚙みくだいた説明は見当たらない。社会福祉士，精神保健福祉士の国家試験科目「権利擁護と成年後見制度」の主なテキストをみても「権利擁護」そのものについての記述は少ない。これは「権利擁護」をめぐって，その言葉だけが安易に使用されて，「権利擁護」という言葉を用いておけば，とりあえずソーシャルワークについて間違うことはないといった短絡的な意識につながるおそれもある。岩田（2016）は，社会科学としての社会福祉学の現状を，「制度や実践について社会科学としての徹底的な探究を怠って，『権利』や『利用者本位』『エンパワーメント』などを，いわば水戸黄門の印籠のごとく，いきなりもちだ

して，処方箋を書く方向に走ろうとする」と指摘し危機感を表明している。そこで，本研究では社会福祉学の使命として，権利擁護を根本から問い直し，現時点で用いられている権利擁護を概念的に整理して定義化する。そのねらいはわが国のソーシャルワーカーが実践の拠り所となる理論的道具として活用してもらうことを期待するものである。

　本研究では，ソーシャルワーカーとして主に社会福祉士に視点を当てる。もちろん，社会福祉士の資格を得ずにソーシャルワーカーとして活躍している実践家も多いことは承知している。だが課題は多いにせよ，わが国のソーシャルワーカーの専門資格としては社会福祉士が最も歴史が古く，また人数規模も大きいために多くのソーシャルワーカーが当てはまると考えられるからである。冒頭の「はじめに」でもふれたが，「権利擁護」とソーシャルワークの関係性を導き出し，その独自の特性を見出すプロセスにおいてソーシャルワーカーがもつべき他専門職と区別された専門性，専門職性を明らかにする。それがいまだあいまいなままであるソーシャルワークの固有性を浮き彫りにすることにつながると考える。なお，社会福祉士の価値，倫理，知識，技術など，持ち合わせておくべき核となるものを専門性とする。その専門性をどのような立場，環境から，いかに活用しているのか，そのような特徴を専門職性とする。

　もう一つ本研究において重要な作業がある。それはソーシャルワークと「権利擁護」の関係について語られてきた歴史的背景を概観することである。なぜそれが重要かというと，擁護されるべき権利がどのようにして立ち現れてきたのか，その権利が社会福祉の実践場面にどう反映されているのか，その背景を理解しないままでは「権利擁護」について現在の有り様を正確に捉えられないからである。社会福祉関連事業の成り立ちや歴史的事実の確認は，ソーシャルワークが権利擁護をどのように捉えてきたのかを考察するうえで示唆を与えてくれるものと予想される。ただし，ここまでの考察はあくまで「権利擁護」の現在の姿をつかもうとする作業の域を出ない。本研究はここからさらに発展させてソーシャルワークにおける「権利擁護」がいかにあるべきか，という展望を示すことがゴールである。よって，最終的には「権利擁護」のフィクションとも呼べる理論の構築を目指す。フィクショ

ンとしたのは，決して偽物という意味ではなく，「権利擁護」を実践からの抽出とは別に，理論として形づくり，実践に耐えうるものとして構築することが目的だからである。理論と実践を分けてしまうことは社会福祉学として道を外れると感じられるかもしれないが，それは実践で使えない形而上学を意味しない。稲沢の「理論福祉」に再度戻るが，最初に特定のルールとして理論的に「権利擁護」を構築して，ソーシャルワークが向き合う多様な難問に応用可能な道具を作るという意味である。

　以上，本研究の目的を再度要約すると，①ソーシャルワーカーの実践に有用な道具となる「権利擁護」を理論的に構築して定義化する，②ソーシャルワークによる「権利擁護」がいかにあるべきか展望を示すの2点となる。

2　本書の概要と構成

　第1章から終章までの内容を以下に示す。第1章では，わが国の社会福祉分野で「権利擁護」という概念が用いられてきた経緯をみていく。人権の一つである「生存権」を獲得しようとした運動から，社会福祉が権利をいかに捉えていったのかを確認する。また，権利擁護が社会福祉の分野で頻出した背景を，社会福祉基礎構造改革の時期に焦点を当てて考察する。

　第2章では，現段階でわが国の社会福祉分野で認識されているアドボカシーと「権利擁護」の概念や定義について整理を試みる。「権利擁護」は，現在，アドボカシーと訳され同義に使われる場合が多い。この点についてアドボカシーがソーシャルワークに連関してきた歴史的背景を全米ソーシャルワーク協会（NASW）の報告書をもとに検証する。さらにアドボカシー，権利擁護の相違点を検証して，双方の定義を明確にする。

　第3章では，「権利擁護」とソーシャルワーカーとの関連性を考察する。主に社会福祉士を対象に，その専門性，専門職性を調査結果から分析し，さらに「権利擁護」が社会福祉士にとってどう位置づけられているのか，養成課程の内容から確認する。また，社会福祉士の専門性や専門職性の特性を踏まえて「権利擁護」に向き合ううえでの課題を論じる。この3章までは，「権利擁護」に関する先行研究や文献から，概念の整理という作業となる。

第4章では「権利擁護」と認識されている実践について分析する。この分析の対象は成年後見制度における成年後見人等として活動する専門職（弁護士，司法書士，社会福祉士）である。専門職後見人の実践から，「権利擁護」を構成すると考えられる要素の抽出を試みる。特にソーシャルワーカーである社会福祉士の実践に焦点を当てる。そこには他の専門職にはない独自の「権利擁護」実践があると考えられるからである。その独自の特徴を把握して，ソーシャルワークにおける「権利擁護」の枠組みを把握する。また，「権利擁護」の定義を実践に当てはめながら検証する。これは，専門職後見人の実践と照らし合わせて，定義が妥当なものであるのかの検証である。この検証を踏まえて，「権利擁護」がまさに多様な実践に耐えることのできる「フィクションとしての理論」の構築を目指す。

　第5章では，権利擁護の定義を用いて成年後見実践でたびたび見られる被後見人の死亡後の事務[2]への取り組みを題材に試論を展開する。この事例からソーシャルワーカーの「権利擁護」について論じてみたい。そして終章では本研究の到達点として明らかになった点を網羅的に提示する。

注）
1）　2021年度に改正される社会福祉士養成カリキュラムでは，それまでの「権利擁護と成年後見制度」は「権利擁護を支える法制度」となる。
2）　民法では，成年後見人は本人（成年被後見人）の死亡をもってその権限を失うと規定されている。たとえば相続財産の分割や，死亡後の供養については成年後見人の権限で行うことはできない。ただし，2016年に施行された「成年後見の事務の円滑化を図るための民法及び家事事件手続法の一部を改正する法律」によって，被後見人が死亡したあとの入院費用や施設入所費用の支払い，火葬・埋葬の契約が行えるようになった。

1章

社会福祉分野での
「権利擁護」の位置づけ

I 社会福祉は何の権利を擁護してきたのか

　社会福祉分野では当然のように使用されている「権利擁護」という言葉
は，不思議なことにそれが何を意味するのか，簡潔に説明するのは難しい。
その要因としてあげられるのは，まず標準化された定義がない点，関連して
概念自体に混乱がみられる点である。後に述べるが，現在「権利擁護」は
「アドボカシー」の和訳として用いられる場合が多い。しかし，この双方の
概念は同じであることを前提にした先行研究と，違った意味合いで用いてい
る先行研究が存在しており，ここに「権利擁護」を説明する難しさの要因の
一つがあるように思われる。本書は「権利擁護」とは何か，という根源的な
問いに応えるべく定義を示すことをねらいとしている。そこで，この「権利
擁護」が社会福祉の分野でいかにして用いられるようになったのか，その歴
史的背景を概観していく。

1 基本的人権としての「生存権」──朝日訴訟からの考察

　ソーシャルワークが何の権利を擁護しようとしているのかを考えるにあ
たって，概念を整理する必要がある。当然のことながらわが国で国民の「権
利」について最も指針とすべきものとされているのは憲法である。憲法には
「基本的人権」について定められており，この「人権」は権利に比較してよ

り抽象的で，あらゆる権利の根っこにあるものと考えられる。たとえば憲法学の視点から木村（2017）は人権については人間であるというだけで保障されるものであるが，労働者の「権利」は労働者固有の「権利」であり，先の基本的人権とは区別される[1]と論じている。

　特に社会福祉の分野でも多くの論争を生み出したのは憲法25条に規定された生存権である。この生存権は人権の分類では，「健康で文化的な最低限度の生活」を国家が保障する社会権[2]と位置づけられている。また，それが実現できていない場合は実現のための措置を講ずるよう国に対して請求できる権利でもある。この生存権は「請求権」とも呼ばれ，しばしば生存権保障の実現をめぐって訴訟が起こされている。社会福祉が守るべき射程に入れた権利としては生存権が考察の対象となる場合が多い。これはわが国に限らず，ソーシャルワークの源流が確認されるイギリスやアメリカで，古典的な問題が貧困であったことも影響していると考えられる。また，「関係のない他者」を援助する仕組みとして「福祉」を定義した岩崎（2018）は，古代から現代までの「福祉」についての歴史的展開の中で，「秩序維持型福祉」と「秩序再構築型福祉」という2つの類型[3]を明らかにしており，いずれも福祉が対象とする問題の根幹には「貧困」がみられている。

　「貧困」は，たとえば生きていくために最低限必要な物資が不足した状態（絶対的貧困）や，タウンゼントが明らかにした，「平均的な個人や家族が自由にできる生活資源に比べて，極めて劣っているために，通常社会で当然とみなされている生活様式，慣習，社会的活動から事実上締め出されている」状態（相対的剥奪）（岡部　2009）も含む。さらには，労働市場から締め出され，社会保険制度でもカバーされない周縁化された人びと，および，そのプロセスを意味する「社会的排除」（Lister 2004）や，個人が財やサービスを用いて得ることができる自由（選択肢）の範囲と可能性という概念であるケイパビリティ（Sen 1992）の剥奪までをも含み，「あってはならない生活状態」を指し示す言葉である（志賀　2016）。よって現代において貧困は単に経済的な困窮を意味するだけでは説明が不十分であり，入念な検証が必要である。本章では「権利擁護」が社会福祉分野に接近した背景を追うことが目的であるため，「貧困」については「権利擁護」の関連性からの言及にとどめてお

く。

　貧困が「あってはならない生活状態」を説明する言葉であるならば，やはり貧困の克服には「生存権」の保障，救済が不可欠となる。ソーシャルワーカーはその歴史の中で長く貧困と戦ってきた。そしてその戦いは現在も続いており，ますます貧困を克服することが社会福祉の重要課題となっている。つまり，貧困は古くて新しい問題としてソーシャルワーカーを掴んで離さないのである。以下では，「あってはならない生活状態」から抜け出すために，生存権をかけて戦った朝日訴訟をソーシャルワークの視点から捉えてみたい。

　社会福祉分野で最も有名な生存権をめぐる裁判のひとつとしては朝日訴訟があげられる。朝日訴訟は現在でも生存権とは何かを示す重要な判例であるため，事件の概要をあらためて詳細に確認する。

　朝日訴訟は当時結核を患って国立岡山療養所にて入院療養しながら生活保護を受給していた朝日茂が，実兄の仕送り1500円のため生活扶助費600円を打ち切られたことを皮切りに，この扶助内容に対して憲法25条が規定した生存権保障にはあまりにも不十分であるとして，1957年の提訴から1967年までの10年間も国を相手に争った事件である。訴訟当時の生活扶助費のうち，１ヶ月の日用品費は600円であった。もちろん当時と現在の物価や貨幣価値は異なっているため単純に比較はできない。しかし，裁判の証言に立った医療ソーシャルワーカーの児島美都子は，600円の日用品費では，結核の重症患者が必要なちり紙や寝巻などを含めた日用品を買うことができず，また，患者個人に合わせた献立ができないため，それを補う補食費を日用品費から補塡しており，なおさら生活扶助の日用品費では不十分であると指摘した（黒川　2018）。

　福祉事務所側が実兄に仕送りを求め，結果的に1500円が朝日茂に送られることとなったが，これを収入と認定した福祉事務所は600円の日用品費の打ち切りを決定し，さらに1500円の仕送りから900円を医療費の一部として負担させ，結局朝日茂にはそれまでと同じ600円しか支給されなかった。この決定に対して岡山県知事に不服申し立て（審査請求），厚生大臣へ再審査請求を行ったが，いずれも却下されたため，国を相手に行政事件訴訟を提起す

るに至ったのである。

　原告である朝日側は，自らに対する保護内容は憲法25条の生存権保障を満たし得ておらず，生存権の侵害にあたるとして裁決の取り消しを求めた。第1審の東京地裁（1960年）では，有名な浅沼判決において，原告の主張を概ね認めて勝訴となった。この時浅沼裁判長は憲法25条が保障する生存権は，単に人間が生物として生存する程度ではなく，人間に値する生活を保障するものでなくてはならない旨を判示し，生存権を国が具体的に保障する義務があるとした（松倉・三戸　2017）。この判決の意義を当時日本患者同盟事務局長で，朝日訴訟の担当であった長宏は3点明示している。すなわち，①憲法25条が定めた生存権規定は国民の最低生活を具体的に保障する義務を定めたものである点，②健康で文化的な生活とは，生命を維持するに足る程度ではなく，人間の生活に値する程度という点，③最低限度の水準はその時の国家財政に左右されるべきではなく，予算を指導，支配しなければならないという点である（長　2010）。この東京地裁判決は，生存権の法的性格を論じるうえでも学説的に広く支持されている（田中　2008）。

　しかし，国側が控訴した第2審は，第1審判決を覆し，原告である朝日側の敗訴となった。この時の東京高裁の小沢裁判長から，憲法25条のいう生存権は抽象的であり，具体的な内容は厚生大臣の施策による点，欧米の他国に比較して社会保障費支出が低いことは認められるが，それぞれの国の社会保障内容，国情が違うため，わが国の社会保障が違法だと断定できない点などが示された。朝日側は最高裁に上告するも，1964年2月14日に朝日茂は他界し，その後養子夫妻が引き継ごうとするが，「上告人（朝日茂）の死亡によって終了した」との判決が下され，結果的に朝日側の敗訴が決定した。この判決の際「念のため」との書き出しで始まった傍論で，憲法25条の内容は国の責務の「宣言」であり，具体的な権利を国民に賦与したものではないとする「プログラム規定説」が採用されていることが確認できる。ただし，朝日訴訟の第1審判決への支持が決して少なくなかったことが影響して，現在においては，このプログラム規定説に否定的な学説が有力である（木村　2017，田中　2008）。

　敗訴に終わった朝日訴訟ではあったが，その後の生活保護行政に多大な影

響を与えた。実際，係争中に生活保護基準は引き上げられ，その基準引き上げに連動して他の制度・政策の最低基準も引き上げられた[4]。また，第2審の控訴審判決以降，生存権を国民一人ひとりの個別具体的な人権として捉える視点と，国によって制定された制度基準に国民を一律にあてはめる視点との対立が浮き彫りになった。これは岡村によって明らかにされた「社会関係の二重構造（岡村　1983）」の対立として説明できる。生活保護のような社会制度は，国民の生活上の要求に応える機構であると同時に，社会そのものを存続させる組織でもある。その社会制度は制度を機能させるために個人に対して特定の役割を要求する。つまり制度側からすれば，その規定内で個人を特定するのである（社会関係の客体的側面）。生活保護でいえば，資力調査等で生活保護基準を下回る個人を特定し，特定された個人はその制度が想定する被保護者の役割を担うことになる。一方国民個人の側にしてみれば，制度が想定する被保護者としての役割は生活上，個人の一部分にすぎず，個別具体的で多様な生活を網羅していない。個人の特性，生活環境は極めて個人的であり一様ではない。被保護者は，同時に医療を受ける患者でもあるかもしれないし，学生であるかもしれない。また家庭での役割を担う場合もあろう。

　このように，生活にはさまざまな個人の役割があり，関連した制度を利用しなければならず，複数存在する制度が規定する役割を調整，調和させる必要がある（社会関係の主体的側面）。それぞれの制度は，その制度が規定した枠内でしか対応しないため，役割を調整しなければならない個人の事情にも，他の制度についても無関心である。ここに対立が生まれるのである。朝日訴訟の場合，国側は一律生活保護基準に国民を当てはめようとする「社会関係の客体的側面」に立った主張がなされ，原告の朝日側は個人の生活に即した「主体的側面」からの主張とみることができる（松本　2014）。

2　「生存権」に向き合うソーシャルワーカーの立場

　朝日訴訟では，まさに憲法25条のいう「健康で文化的な最低限度の生活」がどうあるべきかが争点となった。これは憲法の人権規定のうち「生存権」として認識されている。それではこの「生存権」について，ソーシャルワー

カーがどのように捉えるべきか，朝日訴訟に関わったソーシャルワーカーの証言から考察する。

　朝日訴訟では，証人として二人のソーシャルワーカーの証言が残っている。一人は先にあげた医療ソーシャルワーカーの児島美都子である。児島は結核療養所に入院している患者75名から，日用品費の支出について調査を行っている。その調査では結核患者は補食にかける費用が不可欠であり，それは生活扶助の日用品費から支出されていた点や，その他の日用品（ちり紙，寝巻，ガス代など）を含めると月額600円では到底足りない点を調査結果に基づいて主張した。また，結核患者はビタミンの補給が必要であるにもかかわらず，療養所の給食にはビタミンに関する栄養学的な基準もないため給食だけでは不十分であるとも述べられている。さらに，長期の入院患者は家族との関係が悪化して離婚問題が発生することもあり，同じ入院患者同士でのつながりを保つためのサークル活動，雑誌購入などの文化費の必要性を指摘した。この児島の主張からは，個別具体的な結核患者の生活問題が読み取れる。これは一律に制度を当てはめて対処できるものではなく，ましてや当時の生活保護の扶助内容では不十分であることを患者の具体的事例や調査をもとに立証しようとした。この立場は先述した「社会関係の主体的側面」に立った主張といえる。つまり，患者（生活者）側の視点から問題を捉えた主張なのである。

　もう一人の証人は，わが国で最初に専門職の医療ソーシャルワーカーとして実践を行った浅賀ふさである。浅賀は控訴審である第二審において原告側の証人として証言している。浅賀は全国の結核療養所で働く医療ソーシャルワーカーに対して，最低基準以下で生活する結核患者の抱える問題，日用品費の不足の程度を調査している。その結果，死亡患者の遺留品をめぐって患者同士で争いが起こっていること，患者による療養所内で患者の世話，当番の代わり，理髪などのアルバイトがみられること，さらにはまれなケースとして女子患者の売春や療養所内の薬を盗んで外部へ横流しするなどの問題があることに言及した。この浅賀の証言には，最低生活基準以下で起こる問題を，生活保護受給者が抱える劣等感や不安にまで視点を当てた，人間の尊厳を問う姿勢が根底にあるものと考えられる（黒川　2018）。

二人のソーシャルワーカーの証言から明らかなのは，まず，徹底的に生活保護受給者本人の側に立った視点であるという点である。それも調査結果を用いた科学的な根拠を提示して理論的に述べられているところに専門職としての特徴がみられる。そして，もう一つは，患者の最低生活以下の基準がもたらす問題を，具体的かつ個別的に訴えているという点である。この点も先述した「社会関係の主体的側面」に立ったものであり，制度側から一律に規定される一面的な生活保護受給者像への批判と捉えることができる。よって，これまでの考察から，ソーシャルワーカーがみる「生存権」は，①個別具体的であり，一律に規定されたものではなく，②人間の尊厳を価値の根底におくもの，と理解できる。

3　社会福祉制度・政策と「権利」の関係

　朝日訴訟後も生存権について多くの訴訟が起こされたが，司法判断の傾向としては憲法25条について，具体的な基準は国会での立法に任せられる（立法裁量），という極めて広い裁量権を国に委ねているとみられる（田中2008）。この広範な裁量権については学説上否定的な見解が多い。学説では「健康で文化的な最低限度の生活」の基準の構築を，判例を積み重ねることによって具体化することを司法に求める傾向が強い。朝日訴訟で証言した二人のソーシャルワーカーは制度と個人の関係性を「社会関係の主体的側面」から見つめ，根拠となるデータを用いながら生活扶助基準の違憲性を訴えた。当時としては極めて画期的であったと評価できる。

　この朝日訴訟は国民の権利意識を高めることに貢献し，権利は勝ち取るものという意識を醸成する大きなきっかけとなった。また，この権利の基盤は生存権であり，これを守る実践が社会福祉分野では現在もなされている。よって，ソーシャルワークが擁護すべき権利には，まずもって「生存権」がその基底にあるということができる。そして，朝日訴訟以降，生存権を基底に置きながら社会福祉が擁護すべき権利の射程は，その生存権が脅かされるおそれの高い人びとに広がっていった。それは現在でも社会福祉の分野を分ける際によく用いられる分類であるが，「児童」，「障害者」，「高齢者」に加

えて古典的な「貧困」などがみられる。いずれも権利の主体になることができない，権利の行使が侵害されるおそれの高い人びとが対象となっている。このような人びとに社会福祉が射程を広げるのは，福祉国家以降の流れとして世界的に趨勢となった。

　たとえば，イギリスでは「ゆりかごから墓場まで」で有名な社会保障制度の計画書として出されたベヴァリッジによる「ベヴァリッジ委員会報告書（Beveridge Report）」がある。この報告書の中には，福祉国家体制には社会成員すべてを包含した社会保障制度の必要性が盛り込まれてあり，そこには貧困（want）をはじめ，疾病（disease），無知（ignorance），不潔（squalor），怠惰（idleness）の五つの巨人（five giants）の克服が主張されていた。社会保障を「ゆりかごから墓場まで」の国民全員に行き渡るような生存権保障の政策として進める必要性が指摘されていたのである。その結果，最低生活（ナショナルミニマム）の保障を目指した所得保障と，医療，住宅，教育，雇用対策を重視した政策が進められた。しかし，この時点では，社会福祉の分類で用いられる，児童，障害者，高齢者への施策はなく，その後の児童分野の政策を待つことになる。すなわち，第二次世界大戦後，戦災孤児や非行少年の問題が深刻となり，児童やその家庭に対する施策が取り入れられていった。これをきっかけに既存の政策の見直しが図られ，社会福祉関連諸制度が整備されていったのである（木戸　2007）。

　このような流れはわが国でも確認されるところである。戦後，公的扶助としての生活保護法がまずは整備され，以降，児童福祉法（1947年），身体障害者福祉法（1949年），精神薄弱者福祉法（現知的障害者福祉法）（1960年），老人福祉法（1963年），母子福祉法（現母子及び父子並びに寡婦福祉法）（1964年）のいわゆる福祉6法が制定され，徐々に福祉国家としての色合いを強めていった。これらの制度は戦後処理から，少子高齢化対策へと，その時代の課題に向き合ってきたものと捉えることもできる。一方で制度化に並行して，依然として人権が脅かされるケースは少なくない。ソーシャルワークにおけるソーシャルアクションの停滞を指摘した高良（2017）は，「社会福祉関連諸制度の機能不全によって，生活問題を体験している人が，その問題を軽減あるいは解決するためのニーズを充足できていない状態」を「制度からの排

除」と呼び，その存在を明らかにしている。

　なぜ制度が整備されていくにもかかわらず，「制度からの排除」が生まれるのだろうか。この要因は複雑であり，一様ではない。社会福祉の既存の解釈に違和感を示す岩田（2016）は，社会福祉にはサービスや財源の「配分決定をコントロールする権力を含んだ社会的な仕組み」や，「介在する多様な組織」，「援助者の裁量，それに対応する『利用者』の多様な戦略」などが複雑に絡み合っており，それゆえに矛盾した現象が生まれると指摘する。このような背景が「制度からの排除」の一因となっているものと考えられる。つまり，社会福祉関連諸制度を整備するにあたって，決して少なくない利害の不一致が影響して，結果的に排除される人びとを生むというわけである。加えて，社会福祉に対するニードについて，結局はその提供主体と手段とによって決定づけられると論じる。ブラッドショウが明らかにした，利用者自身が感じる主観的なフェルト・ニードも，じつは，それを充足させる方法をもつ供給側から，「反作用的」に操作されているということである。そうであるならば，社会福祉に対するニードに応えるための政策にみえて，その実，関連する機関や組織の利害対立，供給する側の操作的なニード設定によって，本来制度の範囲に入れなければならない人びとを排除してしまう設計になることもうなずける。

　もう一つの要因は，そもそもこの制度・政策に「権利」の思想が希薄である点も影響していると考えられる。わが国の社会福祉政策は長く公費負担による「措置制度」が基本となっていた。そこには制度・政策を権利として利用するというよりは，国からの恩恵として施されるといった印象が強くもたれていた。社会福祉における権利意識の欠如を問題として取り上げた佐藤（1980）は，「措置権行使を経て，公費負担によって給付される」性質の福祉サービスが，「権利意識を弱め」て，「恩恵化する性格をもっている」と分析している。また，日本の各種福祉政策は「第二次世界大戦を主導的に始めた」日本に対して，戦後，その反省に立ち，責任を取るかたちで推進させられた「国家責任論」が主軸であるため，権利意識が根付かなかったとの考察を加えている。それでは，一般的に「利用者と援助者の対等な関係構築」や，「権利としての福祉サービス」がうたわれた社会福祉基礎構造改革以

降，社会福祉は「権利擁護」をどう捉えてきたのか，次節以降で論じること
にする。

II 社会福祉基礎構造改革と権利擁護

　前節で述べたが，長らく日本の社会福祉制度・政策による福祉サービス
は，「措置制度」によって提供されてきた。そのため国からの恩恵という慈
恵的な色合いを強く反映していた。ただ，朝日訴訟にみられるように生存権
獲得の闘いは国民の権利は勝ち取るものという意識の醸成に貢献した。この
意識は，社会福祉は恩恵としてではなく，権利を保障する政策であるという
今日的な理念確立にも少なからず寄与したと考えることもできる。そして，
恩恵から権利へと社会福祉政策が転換した契機として位置づけられるのが，
社会福祉基礎構造改革である。

1 社会福祉基礎構造改革による福祉政策の変遷

　社会福祉基礎構造改革は1997年の社会福祉事業の在り方に関する検討会
（厚生省社会・援護局）の報告の中で登場した言葉である。この検討会では社
会福祉のあり方を抜本的に見直す議論がなされており，一般的にはこの報告
が公表された1997年から2000年の社会福祉法改正，介護保険法施行の時期を
社会福祉基礎構造改革と指すことが多い[5]。1980年代は日本経済の低成長化
と，少子高齢化に伴う社会保障費の誇張が深刻な問題として広く認識されは
じめた時期である。1990年には「老人福祉法の一部を改正する法律」が制定
され，社会福祉関係八法が同時に改正された。このいわゆる「福祉関係八法
改正」によって，都道府県から市町村への権限委譲，都道府県・市町村への
福祉計画策定義務づけ，福祉サービスへの民間部門参入，住民参加の地域福
祉推進などが方向性として示されたのである。
　このような流れは1997年の介護保険法成立へと続く。介護保険法はそれま
で高齢者に対する福祉サービスの提供を行政処分としていた「措置制度」
を，利用者とサービス事業者との「契約制度」へと転換させた[6]。さらに

2000年の「社会福祉の増進のための社会福祉事業法等の一部を改正する法律」制定によって，障害者福祉の分野でも契約方式が導入されるに至った。契約方式導入の意義を秋元（2010）は，法関係・権利関係の明確化にあるとした。措置制度のもとでの福祉サービスは法関係・権利関係があいまいであったため，サービスの受給者と提供者が対等な関係にならなかった。秋元はその関係性も考慮して，「契約制度の導入が，福祉サービスの様相を，差引勘定すれば全体としてはプラスの方向で大きく変えてきたことは確かであろう」と総じてプラスに評価している（秋元　2010）。

2　政治体制が福祉政策におよぼしたもの

　1990〜2000年代にかけての社会福祉基礎構造改革を含めた福祉政策については，その時期の政治の動きに絡めた考察が必要である。社会福祉政策の方向性を決定づけるのは何より財源の配分である。財源の配分は時の政権のあり方に大きな影響を受ける。さらにいえば，わが国が戦後，社会福祉に対してどのような姿勢で向き合ってきたのか，その方針は何か，を把握しなければ，現在の社会福祉政策についての理解は，一面的でごく狭い範囲に限られてしまう。

　福祉国家の変遷についてわが国と先進諸国を分析した田中は，雇用・福祉政策を総称して「レジーム」と呼び，わが国の戦後レジームについて，その特徴を3点にまとめている。すなわち，①経済成長の補完的な手段でしかなかった小さな公的福祉，②農産物の価格統制や減反政策，地方債や財政投融資など，地方と中小企業への保護・規制，③終身雇用，年功序列，企業別労働組合を象徴とした「日本型雇用」である。この③「日本型雇用」は，企業が労働者に対して低利の住宅融資，企業独自の年金制度，退職金を手厚くした「企業福祉」を促進[7]させた（田中　2017）。この特徴の背景には，産業間の権力関係（労働者対使用者）においては使用者優位の自由主義レジームが取られた一方，政治を通して政策に反映される段階では，唯一の政権政党であった自民党が，民間大企業だけではなく，中小企業，地方農村部の幅広い層に対して利益分配を行う，保守主義レジームが色濃くなるという特異な

性質があった（田中 2017）。以下，田中の福祉国家，政治の変遷についての分析を参考にしながら，社会福祉政策の流れを確認する。

　1980年代以降，経済の低成長時代を迎え，社会福祉に関しては家族と地域の相互扶助，企業福祉の充実といった「日本型福祉社会」によって公的な支出を縮小する方向へと進んでいく。1990〜2000年代に入り，本格的な不況期に突入すると労働者全体には維持できなくなった「日本型雇用」を管理職クラスの人間に絞り，それ以外の労働者は非正規で取り替えが効く要員へと置き換えられていった。また，グローバル化の波は，よりいっそう人件費を押し下げ，正規，非正規に代表されるような労働者の分断を固定していった。2001年発足の小泉政権では，「新自由主義」的な政策が進められ，「聖域なき構造改革」の一環として，国民の「自助と自立」の名の下に大幅な社会保障費支出の削減，福祉サービスの民営化が進められた。小泉政権の特徴は「小泉劇場」とも喩えられたように，小泉純一郎のトップダウンによる政策の決定である。各諮問会議では自らが議長となり，また竹中平蔵など，政策イデオロギーの近い人間を大臣に置き，自民党内をも混乱させるような政権運営がなされている[8]。ただし，このような政治は小泉自身の属人的要素に影響されているため，それ以降の安倍（第一次），福田，麻生政権ではトップダウン型の運営は維持されなかった。

　小泉政権後の支持率低迷に歯止めのかからない自民党政権に変わり，「コンクリートから人へ」のスローガンのもと，2009年当時最大野党であった民主党が，衆議院選挙で圧勝して政権与党となった。民主党政権はそれまでの財政支出を見直し（事業仕分け），都市部低所得層・農村部への再分配を政策の目玉とした。また，CO_2削減目標や公共事業の見直しなどは国民から高い支持を得ることに成功した。しかしその後，子ども手当て，高校無償化，高速道路無料化，農家への個別所得保障などが政策として盛り込まれたが，財源を確保することができず，当時野党であった自民党に「バラマキ」と批判され，結果的に政権を維持することはできなかった。この民主党政権について田中は，「反貧困運動や女性運動など，本来受益者になる人びととの連携は乏しく，支持層の再編もともなわなかった」と総括している。結局，自民党政権，民主党政権ともに，福祉国家の明確なビジョンを示すことができ

ず，政治改革は「権力獲得をめぐるレトリックや手段として利用されてきた」にすぎなかった（田中　2017）。社会福祉政策に限ってみても，介護保険制度など，それまで公的負担を基本としていた仕組みを，保険料とサービス利用料一定割合の利用者自己負担を科す保険方式に組み替えることによって公的責任の縮小とみられる一面もあった。

3　社会福祉基礎構造改革と公的責任論

　前節で述べた公的責任の縮小とは，福祉行政への財政支出削減を意味しており，財源の配分割合の問題に限定されている。社会福祉における公的責任を，行政が担う福祉事業への責任と捉え直した場合，単に財源の配分の問題には限定されない構造がみえてくる。秋元は社会福祉基礎構造改革における公的責任の問題について，当時は整理が不十分であったと指摘して，さらに福祉行政における公的責任を，行政学上の「行政責任」の4つの構造から踏み込んで論じている。すなわち，行政責任には政治機関から任された任務を担う①「任務的責任」，法令，上級機関の命令に従って行動する②「応答的責任」，行政のとった行動について弁明・説明する③「弁明的責任」，政治機関や任命権者から加えられる制裁に服する④「制裁的責任」である（秋元2007）。

　この4つの行政責任を総合的に評価した場合，社会福祉基礎構造改革以降，社会福祉政策は公的責任（行政責任）の縮小になったのか検証が必要であろう。財政の観点からみれば，社会福祉を含むわが国の社会保障費は，「企業福祉」を中心としてきた背景により，他先進国と比較しても公的支出が少ない。そして社会福祉基礎構造改革は，福祉行政が担っていた事業に民間を参入させ，ケアサービスに保険方式や利用料の自己負担を取り入れた。このような流れが公的責任の後退と評価されるのは，主に公の役割が財源論に集中していると考えることもできる。他方，先の行政責任の構造で考えると，たとえば社会福祉関係の行政計画が，より実効性を高めるために市町村にも策定を義務化させた点や，その評価分析をも盛り込んだ点，また福祉サービスには原則的にケアマネジメントの手法を取り入れ，具体的な基準や

サービスの利用手続きを明確にした点などは，「任務的責任」が高まったともみられる。そして，各種苦情解決制度の導入は「応答責任」や「制裁的責任」について明確にしたといえる[9]。

　以上の点を踏まえると，公的責任（行政責任）は，縮小した面もあるにせよ，部分的には拡大したと捉えることも可能である。特に拡大に影響したのは契約制度であろう。この契約制度は権利・義務関係を明確にして，サービス受給者と提供者を対等な関係に位置づけた。この位置づけが，公的責任（行政責任）が果たせているかを監視する機能や仕組みづくりに貢献したとの見方もできる。ただし，本書では社会福祉基礎構造改革期における社会福祉政策に対しての評価として，縮小，拡大どちらか一方に限定するものではなく，あくまで客観的な確認として縮小，拡大両面を持ち合わせているとした立場をとる。

4　契約制度下における権利擁護の必要性

　社会福祉基礎構造改革を機に，社会福祉事業では契約制度が主流となっていった。権利義務関係が明確である契約制度は，前節でもふれた「行政責任」の構成要素である「任務的責任」，「応答責任」，「制裁的責任」を生じさせる。これらの責任遂行には，前提として，「要件・効果がルールとして明確になっており，事実認定を通して要件の充足を判定するだけで適用が可能な状態を〈よし〉とするような形式合理性を追求する立場」（秋元　2010）であるフォーマリズム（形式主義）が採用されている。このフォーマリズムは契約制度が取り入れられた社会福祉分野にもメリットをもたらす。それはルールとして基準が明確になることで，サービスの履行に不備がないかを確認する仕組みを構築できるからである。契約の際に必要となる書類手続き等，煩雑な作業は増えるものの，何をどこまでサービスとして受けられるのかの共通理解は進むと考えられる。

　ただし，フォーマリズムで対応できない問題を含むのも社会福祉である（秋元　2010）。フォーマリズムでは，ある種機械的にサービスの提供がなされる特徴がある。他方，福祉サービスを必要とする利用者は，それぞれ複雑

で個別的な問題を抱えている。そのため機械的，形式的にサービスをあてはめるだけでは対応が不十分になることも多い。たとえば地域包括支援センターに訪れたクライエントに対して，マニュアルに沿って機関の紹介，介護保険など関連制度の説明，クライエントの情報収集に終始しても，福祉サービス（この場合はソーシャルワーカーが行う相談援助）としては不十分であろう。相談内容や，クライエントの状況からのニーズ把握，本当に訴えたい内容，表面的には見えづらい背景的な問題の把握，そもそもクライエント自身が各種制度を利用できるだけの環境に置かれているのかなど，あくまでクライエントの個別性の理解が求められる。これらの対応は形式的なフォーマリズムでは難しい。よって，フォーマリズムを超えた視点が必要なのである。

　契約制度が導入された社会福祉基礎構造改革において，「権利擁護」の語が頻繁に用いられるようになったのは，以上のような背景からであると考えられる。つまり契約制度をフォーマリズムに則って運用するだけではフォローすることのできない利用者をどうするのか，といった問題の浮上である。その性質からして，社会福祉のサービスを利用しようとする対象には，すでに抑圧された環境にあって身動きが取れない人びとを多く含む。虐待被害者，あるいはそのおそれのある人びと，病気や障害でサービス利用の手続きが進められない人びとなどである。社会福祉はそのような，排除されるおそれのある人びとに，向き合うことが本質的な課題であるため，権利擁護の手立てが必要となったのである[10]。社会福祉基礎構造改革の一環である社会福祉法改正では，「利用者の立場に立った社会福祉制度の構築」が条文に明記され，これをもとに地域福祉権利擁護事業（現日常生活自立支援事業）や，サービス利用者の苦情解決制度が創設された。これらの制度はいずれも排除される危険性のある社会的弱者の福祉サービスへのアクセス支援や，サービス提供者から不当な侵害を受けないために，本人に代わって異議を申し立てる「代弁」の仕組みなど，利用者側に立った内容となっている。

　以上のように，社会福祉基礎構造改革は新自由主義政策の方針をとっていた小泉政権下で進められたが，行政責任の具体的な構成要素を促進する面も持っていた。さらに契約制度はサービス提供者と利用者を対等な関係と位置づけ，フォーマリズムを取り入れた。その一方で社会福祉の対象者が排除さ

れない仕組みとして権利擁護のための各種制度が整備されていったのである。これらは，社会福祉関係制度によるサービスは「権利」であることを意味しており，利用者の権利があらためて確認されたと捉えることができる。

注）
1） 権利と人権の関係性を整理すると，「人権」は「全ての人間が人間であるというだけで保障されるべき権利」としており，これはより広範で抽象的な概念である。憲法学の観点からは日本国憲法上の「権利」と「基本的人権」は異なる概念であることが示されている（木村　2017）。また，奥平も「基本的人権」は実定法の世界にとどまらず，それを超えたところにも存在しており，「権利」として実定法化されていないものをも含む点を指摘している（奥平1993）。
2） 奥平は国家に対して国民が「積極的な関係」である立場から，国民自らのために何らかの請求をする権利を「受益権」とも表現している。また，国家から干渉を受けない「自由権」，政治活動に参加できる「参政権」の３つの分類を紹介しているが，この分類に当てはめてしまうことで，それぞれの権利がもつ多様性を見失わせると警告している。たとえば憲法14条の表現の自由は，国家から干渉を受けない「自由権」と位置づけられるのが一般的であるが，政治的な意思を表明する自由も含まれており，これは「参政権」にも該当すると指摘している（奥平　1993）。
3） 岩崎によると「秩序維持型福祉」は，既存の共同体の秩序を維持するために，その共同体が備えている「関係に基づく援助」によって「関係のない他者」を共同体に戻すことを目的としている。この「秩序維持型福祉」は，国家が現体制を維持するために必要な措置として行われる福祉政策が中心であり，統治者の利益になる治安維持や社会防衛が目的であった。一方「秩序再構築型福祉」は，「関係のない他者」同士が新たな援助関係を構築することで生まれる秩序を特徴としている。
4） 具体的には高齢者福祉施設（老人ホーム等）の施設入所にかかる生活費や，生活保護基準と関連している失業対策賃金も引き上げられた。
5） 社会福祉基礎構造改革の時期は明確に定められているわけではない。たとえば古川は，社会福祉基礎構造改革の起点を1981年の第二次臨時行政調査会（臨調）の「緊急答申」に見出している（古川　2007）。
6） 行政から一方的にサービスについての決定がなされる措置制度は，社会福祉基礎構造改革以前から，その職権主義的な運用が問題視されていた。社会福祉基礎構造改革での措置から契約への流れは，社会福祉サービスを必要と

する程度の基準（要保障性）について客観化，透明化することにつながった。これは要保障性についての行政裁量を限定し，そのうえで，何のサービスを利用するかは契約制度に基づく利用者の選択，自己決定で自由に選べるようになった点で一定の評価を得ている（秋元　2007）。

7）　もっとも企業福祉を促進できたのは，家事，育児，介護全般を女性に担わせたジェンダー間の分業固定が存在したからである。妻が上記の役割を担い，さらに家計補助のためパート，アルバイト等を行うことで「日本型雇用」は成り立っていた。「日本型雇用」形態が維持できず「企業福祉」が縮小した現在，女性の社会進出は進んだ一方，依然としてジェンダー規範による分業固定の意識は根強い。加えて「妻へのケアワークの押し付け」ができる男性稼ぎ主がいまだ労働者のモデルとされており，女性の賃金は相対的に極めて低く，家事やケアワークを担わされる女性は経済的にも時間的にも貧困に陥る（水無田　2014）。

8）　郵政民営化を争点とした衆議院の解散総選挙（郵政解散）では，郵政民営化に反対する自民党候補者に対して党の公認を与えず，同じ自民党から「刺客」と呼ばれた対抗候補者を立て，結果的に選挙を制した。さらに郵政民営化に反対した議員は離党や除名勧告などの処分が下された。

9）　苦情解決制度が整備されたからといって，利用者が声をあげることができるとは限らない。介護保険サービスの苦情発生メカニズムを経験的に分析した倉田（2013）は，受動的な立場に陥りやすい利用者の特性や，手続きにかかる作業負担に加え心理的負担が，申立ての障害となっていることを明らかにしている。

10）　秋元は不利益や虐待を受けるおそれのある社会的弱者（バルネラブルな人びと）の権利を擁護する仕組みとして，2000年に成立した「児童の虐待防止に関する法律」や，2005年に成立した「高齢者の虐待の防止，高齢者の擁護者に対する支援等に関する法律」をあげている（秋元　2010）。

第2章

概念と定義の整理

　権利擁護の概念，定義について整理するにあたり，アドボカシーやソーシャルアクションといった関連性の強い概念との区別が必要である。本書はアドボカシーや，ソーシャルアクションなどと権利擁護は異なる概念と定義をもつとの立場に立つ。それぞれに共通部分があるにせよ，アドボカシーに関しては，そもそもは欧米から導入されて，権利擁護とは違った意味（弁護，代弁など）で用いられていたのであり，一方で権利擁護は社会福祉基礎構造改革を機に頻繁に登場したわが国独自の背景をもつからである。

　なお，概念，定義についてであるが，概念とは，そのものの「意味」であり，定義とはその定義が指し示すものと，違うものとを区別するために言語化された説明である（Lister 2004，志賀　2016）。そうすれば，権利擁護の概念とは，権利擁護のもつ「意味」のことであり，権利擁護の定義は，権利擁護とそうでないものとを区別するための説明ということになる。権利擁護，アドボカシーの定義があいまいなために混同されている現状があるが，定義を明確にできれば整理が進み，その実践を科学的に振り返る際に有効であると思われる。

I　アドボカシーの概念・定義

　アドボカシーは現在でも「権利擁護」と訳されることが一般的であり，ソーシャルワーク実践の場面でも同義と認識されている傾向がある。しかし，リーダーズ英和辞典第3版によると，アドボカシー（advocacy）の和訳

は，「弁護，支持，主張」などと表記されており，権利擁護を直接指し示す言葉として説明されているわけではない。さらにアドボケイト（advocate）は「代弁者，擁護者，弁護士」と記されており，ソーシャルワーカーではなく，法律専門職のイメージが浮かぶ。いずれにしてもアドボカシーは機能，活動を指し，アドボケイトはその機能を用い活動する「人」を含むと解される（西尾　2001）。

　このようにアドボカシーと権利擁護は両者とも社会福祉分野ではよく見かけるキーワードではあるが，厳密にみれば違った意味を含み，また概念としても統一されているとはいえない。この要因にはアドボカシーと権利擁護がその実践や概念の普及した背景が異なる点が影響している。本節では，ソーシャルワークにとってどちらも重要な意味を持つアドボカシーと権利擁護について，その関係性を整理する。

1　アドボカシーの系譜

　アドボカシーがソーシャルワークにおいて重要な機能となった契機は，1969年に全米ソーシャルワーク協会（National Association of Social Workers: NASW，以下 NASW）に設置された「アドボカシーに関する特別委員会」が公表した報告書によるところが大きい（岩間　2011）。この報告書のタイトルも「弁護者（advocate）としてのソーシャルワーカー：社会的犠牲者への擁護者」であり，ソーシャルワーカーがアドボケイト（弁護者）としての役割を担うことの重要性とその実践によって生じるジレンマが述べられている[1]。

　それでは，アドボカシーが「権利擁護」と訳されるに至ったのにはどのような背景があるのだろうか。ここからはアドボカシーと権利擁護が接近した経緯を追うことにする。アドボカシー概念について詳細な分析を行った小西加保留は，ソーシャルワークとアドボカシーの系譜を歴史的に整理している。その小西の整理によると，アドボカシーは1960年代後半以降にアメリカにおいて注目される前に，じつは NASW によって出された報告書以前，1900年代前半のソーシャルワークの起源まで遡るとされており，慈善矯正会議の記録に「advocacy」，「advocate」が使用されていたことが紹介されてい

る（小西　2007）。その後もソーシャルワークの領域でアドボカシーはつねに重要な概念として用いられることになる[2]。

　アメリカでアドボカシーがソーシャルワークと密接に語られた背景には，ソーシャルワークの萌芽期から，その実践において不可欠であった事実にみられる。ソーシャルワークは1900年代前半の慈善組織協会の友愛訪問をルーツとして，セツルメント運動，ハルハウスの設立，二度の世界大戦，貧困戦争，ベトナム戦争，公民権運動，女性解放運動など，時の社会情勢下において噴出した社会問題に対応するべく役割や機能を変化，発展させてきた。しかし社会の要請に応えうる専門職としてソーシャルワーカーがつねに評価されていたわけではない。1960年代には住民ニーズに応えず，ケースワークに偏り体制側に立った姿勢と，心理主義への過度な傾斜やパターナリズムの横行が批判につながった（秋山　2007，高良　2017）。その一方，住民主体の公民権運動などから，当事者とともに社会変革を行うソーシャルアクションの重要性が高まり，その役割を担うアドボケイトが必要とされ，ソーシャルワーカーのあり方についても議論された。この流れを受けて1969年のNASWによる報告書にソーシャルワーカーがアドボケイトとして役割を担うことが明記されるに至ったのである（高良　2017）。そして1990年代には「アドボカシーがソーシャルワーク領域で流行する専門用語」といわれるまでになり，各国のソーシャルワーカー職能団体の倫理綱領にアドボカシーが明文化されるようになった[3]。

2　ソーシャルワークとアドボカシーの共通項目

　ソーシャルワークにアドボカシーが密接に関わってきた背景があり，その概念についても双方は共通している部分がある。以下，国際ソーシャルワーカー連盟（International Federation of Social Workers: IFSW，以下 IFSW）が示したソーシャルワークのグローバル定義と，小西（2007）が分析対象としたシュナイダーらによるアドボカシーの概念（Schneider 2001）に倣って確認する。

　2014年にメルボルンで開催された IFSW と国際ソーシャルワーク学校連盟（International Association of Social Work : IASSW）の会議で，ソーシャルワーク専

門職のグローバル定義が新たに採択された。以下は原文と社会福祉専門職団体協議会国際委員会が日本語に翻訳した定義である。

Social work is a practice-based profession and an academic discipline that promotes social change and development, social cohesion, and the empowerment and liberation of people.

Principles of social justice, human rights, collective responsibility and respect for diversities are central to social work.

Underpinned by theories of social work, social sciences, humanities and indigenous knowledge, social work engages people and structures to address life challenges and enhance wellbeing.

The above definition may be amplified at national and/or regional levels（下線筆者）.

ソーシャルワークは，社会変革と社会開発，社会的結束，および人々のエンパワメントと解放を促進する，実践に基づいた専門職であり学問である。社会正義，人権，集団的責任，および多様性尊重の諸原理は，ソーシャルワークの中核をなす。ソーシャルワークの理論，社会科学，人文学，および地域・民族固有の知を基盤として，ソーシャルワークは，生活課題に取り組みウェルビーイングを高めるよう，人やさまざまな構造に働きかける。

この定義は，各国および世界の各地域で展開してもよい（下線筆者）。

この定義がソーシャルワーカー職能団体の定める倫理綱領等の指針となっている。一方で以下がシュナイダーらのアドボカシーのキー概念（Key Dimensions）である。

① 弁護，主張（Pleading or Speaking on Behalf of）

② 代弁，代理（Representing Another）

③ 実行する（Taking Action）

表 2 − 1 ソーシャルワーク専門職の定義とアドボカシーのキー概念共通項目

ソーシャルワーク専門職の定義	アドボカシー 11 のキー概念
(IFSW)	(シュナイダーら)
社会変革，社会開発 (promotes social change and development)	変化を促進（Promoting Change）
エンパワメント（empowerment）	エンパワメント（Empowering）
社会正義（Social Justice）	社会正義（Social Justice）
権利や利益（Rights and Benefits）	人権（human rights）

出典：筆者作成。

④　変化を促進する（Promoting Change）

⑤　権利や利益にアクセスする（Accessing Rights and Benefits）

⑥　同志としての役割を担う（Serving as a Partisan）

⑦　影響力と政治活動のスキル（Demonstrating Influence and Political Skills）

⑧　社会正義を保護する（Securing Social Justice）

⑨　クライエントをエンパワメントする（Empowering Clients）

⑩　クライエントを同一視する（Identifying with the Client）

⑪　法的根拠を用いる（Using a Legal Basis）（下線筆者）

出典：小西（2007），Schneider（2001）

　これら11のキー概念と，ソーシャルワーク専門職に用いられた語句をみると，共通したものが確認できる（表 2 − 1 ）。

　「社会変革，社会開発」は原文では，「promotes social change and development」であり既存社会の変革を意味するため，キー概念では「変化を促進」にあたる「Promoting Change」に重なる。「empowerment」はキー概念においても，ほぼ同じ意味合いである「Empowering」として用いられている。それぞれ「人々のエンパワメントの促進」，「クライエントをエンパワメントする」とあり，両方ともエンパワメントを進めていくという意味につながる。「Social Justice」は同じ語句として使われており，訳語も「社会正義」で共通している。ソーシャルワーク専門職の定義には「人権」として「human rights」があり，アドボカシーキー概念で近いものとしては「Rights and Benefits」

「権利や利益」であろう。このようにみると共通した意味合いの語句から，ソーシャルワーク専門職はアドボカシーとの関連性が高いことがわかる。つまり，ソーシャルワーク実践の中にアドボカシーも含まれており，ソーシャルワークとアドボカシーの関係性は不可分なものであると考えられる。

3　アドボカシーがわが国に導入された経緯

　小西によると，アドボカシーという概念がわが国に最初に導入されたのは，1970年代後半であり，まさに NASW の「アドボカシーに関する特別委員会」による報告書の発表を経てからとなる（小西　2007）。ただし，わが国でのソーシャルワーク発展過程は，ソーシャルアクションが活発に行われた欧米の過程とは異なる。社会福祉基礎構造改革以前の措置制度が基本原則となっていた社会福祉政策下では，アドボカシーの実践の取り組みそのものが乏しかったからである。つまりアドボカシーは概念として導入されていったものの，ソーシャルワークの実践の中で機能していたとは言い難い。

　アドボカシーがソーシャルワークにとっても外せないキーワードとなる契機をもたらしたのは，社会福祉サービスの仕組みを契約制度に転換させた社会福祉基礎構造改革である（秋山　2007，小西　2007）。契約制度の導入により，利用者が自らの選択に基づく自己決定が可能となった。自己決定が困難な利用者を多く含む社会福祉には，必然的にそれを補助する制度が整備されていった。このような流れを正当化する根拠は，利用者の「権利擁護」である。利用者を権利の主体とすることで，それまで社会福祉分野で見過ごされてきた権利侵害や，あいまいなままであった権利保障を制度で対応する必要性が生じた。

　このように社会福祉サービスを利用することが権利として認識されていくにつれ，それを擁護する仕組みの整備により，それまで代弁，弁護などと訳されてきたアドボカシーが「権利擁護」とつながっていった。ただ，実際にはアドボカシーと権利擁護とを同じ意味で用いている先行研究（髙山　1999）と，区別するもの（秋山　2000，平田　2012，小西　2007）とがあり，どちらの定義も統一されて使用されているわけではない。さらにいえば，ソーシャ

ルワークの萌芽期からアドボカシーを取り入れて発展した歴史を持つ欧米に対して，社会福祉基礎構造改革での制度転換をきっかけとしてソーシャルワークにアドボカシーが接近したわが国では背景が異なる。ここにアドボカシーと権利擁護の未確定な定義の要因があるように思われる。

4　アドボカシーの定義

アドボカシー（advocacy）は，先述したように「代弁，弁護，主張」などと訳されているが，時間を経るにつれてその概念（意味）はさらに広がりを見せた。一例として，北野（2000）の説明を以下に引用した。

> 個人のアドボカシー（権利擁護）とは，①侵害されている，あるいはあきらめさせられている本人（仲間）の権利がどのようなものであるかを明確にすることを支援するとともに，②その明確にされた権利の救済や権利の形成・獲得を支援し，③それらの権利にまつわる問題を自ら解決する力や，解決に必要なさまざまな支援を活用する力を高めることを支援する，方法や手続きに基づく<u>活動の総体</u>（下線筆者）

この北野のアドボカシー概念は，引用をみればわかるとおり権利擁護と同義のものとして述べられている。また，最後の下線部分に「活動の総体」とある。よってアドボカシーは，その目標に到達するための「活動」であることがわかる。

小西（2007）は，アドボカシーと「権利擁護」の概念について，同義に示されているものと，アドボカシー概念が「権利擁護」よりも広い概念として説明されているものなどを網羅的に分析しており，結果的に権利擁護そのものはソーシャルワークの価値・理念としての大前提とし，いわばアドボカシーの上位概念として区別している。加えて，ソーシャルワークの観点からアドボカシーを論じる作業がなされてこなかった点を指摘したうえで，アドボカシー概念は，より限定的である必要性を述べ，機能や結果ではなく「活動」に絞っている。最終的に小西はソーシャルワークのアドボカシーを以下

のように定義した。

　　　　「ソーシャルワークのアドボカシー」は，「ソーシャルワーカーが，専
　　　門家として，クライエントの権利侵害の状態に対して支援する際に行う
　　　活動，用いられる技術であり，どのような目標を持ち，どのような介入
　　　を誰と行うかは，環境アセスメントによる」ものである。すなわち，あ
　　　くまで「権利の擁護」を理念として，ソーシャルワーカーとしてのアセ
　　　スメントを前提として行う「アドボカシー」が，「ソーシャルワークの
　　　アドボカシー」である（小西　2007）。

　高谷（2000）は，ソーシャルワーカーのアドボカシーは法令や判例に基づ
いた行動に限定されていない点，ソーシャルワーカーの行動によって他者が
傷つく場合は，その事例に関わるクライエントのアドボケイト（弁護者）に
はならない点が，司法領域のアドボカシーとの違いであることを述べてい
る。パワーレスになった人びとのニーズ増大に伴い社会福祉サービスは広が
りをみせ，サービスの供給主体は組織化，官僚化が進行した。その結果クラ
イエントや利用者との間に情報格差や非対称性が生じることで，ソーシャル
ワーカーはその間に入って「穏健」な調整・説得・合意戦術をとる役割が求
められる。ただし，「穏健」な方法を重視するといっても必要に応じて「抗
戦的戦術」，「直接行動戦術」を活用することもある。
　反面，北野はアドボカシーを「権利」対「権利」のように対立する場面で
の活動であり，侵害を受ける側に立たなければならないため，中立的な立場
を否定している。すなわち，第三者的な調整や仲裁とは異なり，パワーレス
に陥った障害者や高齢者の側に立っての支援が原則なのである。この北野が
述べたアドボカシーは高谷の示した「穏健」な調整を含む概念とは若干異
なった意味合いに感じられる。さらに北野はソーシャルワークにおけるアド
ボカシーの目標は本人の問題意識，権利性を明確にして問題解決力，支援活
用力を高める支援である「アシスティブ・アドボカシー」に分類されるとす
る（北野　2000）。戦略によっても，「権利救済アドボカシー」と「権利形
成・獲得アドボカシー」に分類している。「権利救済アドボカシー」は，権

利規定の法制度が存在し，その法制度を運用して支援する活動であるのに対し，「権利形成・獲得アドボカシー」は，その権利に関する法制度が未整備であるため，さまざまな社会運動的な展開による活動であるとした。「権利形成・獲得アドボカシー」は高谷が述べた，法令・判例に限定されないソーシャルワーカーが行うアドボカシーに近い。

　高良は，組織の方針や制度の変更を目指すメゾ・マクロレベルのアドボカシーはソーシャルアクションと同様の「活動」であると述べ，生活問題を人権問題の視点から捉えるアドボカシーに対して，生活問題を法制度や社会構造の問題として理解するのがソーシャルアクションであると区別した（高良2017）。また，ソーシャルアクションが「権限・権力機関等への直接的行動等のプロセスを通して関係構造等を変革」する組織的活動であるのに対して，アドボカシーは組織化を伴わない点を違いとして指摘している。このアドボカシーの特性についても，北野のアドボカシーと比較すると相違点が確認できる。北野が分類した「権利形成・獲得アドボカシー」には，社会運動的展開に「他の運動との連帯」も含まれており，必ずしも個人の活動に限定されていない。

　次に権利擁護システム構築の必要性に言及した高山の定義をあげる。高山は「権利擁護」の訳語にアドボカシーを当てて定義を示している。以下がその定義である。

　　　　社会福祉サービス利用者の権利主張を支援し，代弁・弁護する活動として位置づけられる。さらには利用者の主張，権利獲得のプロセスを重視し，利用者の主体性に価値をおく概念である（高山　1999）。

　高山の「権利擁護（アドボカシー）」の基盤には，福祉サービス利用者こそが自己決定を行う権利行使の主体という価値・理念があり，その延長線上には利用者の自己実現がある。この自己実現を達成するために，エンパワメントの視点に立った「権利擁護（アドボカシー）」の援助が求められるとする。エンパワメントはソーシャルワーカー専門職のグローバル定義であったように，重要な価値，概念である。ソーシャルワークの対象が社会福祉サービス

を必要としている人びとであり，具体的には高齢者や障害者，児童，生活困窮者などを含むと考えられる。そのような人びとは生存権をはじめ，あらゆる権利が侵害される危険性が高い。そこにエンパワメントの必要性が生じる契機がある。よってエンパワメントはアドボカシーの活動を支える概念として外すことはできない。

　本人を権利の主体におくことを前提としたアドボカシーについて，構造的な仕組みを明確にしたのが岩間のアドボカシー4層構造（岩間　2001）である。第1層はクライエントとの「援助関係の構築」，第2層が「当事者の尊重による本人理解」，この第2層までがアドボカシー活動の基礎部分である。さらに第3層は「システムと対等関係を構築すること」であり，具体的な活動項目を「意見表明」，「対決」，「交渉」，「代弁」，「その他」として明記している。この第3層までをミクロ・メゾレベルの「ケースアドボカシー」としており，第4層では第3層での活動項目によって「社会福祉制度の改革・社会資源の開発・福祉文化の創造」といったマクロレベルの「コーズアドボカシー」としている。岩間の示したアドボカシーの仕組みは完成度が高く，より実践的であるといえる。また，ソーシャルワークのアドボカシーには権利侵害からの保護だけにとどまらず，「本人らしい生活」を支える「本人の主体化」が中核にあり，やはりエンパワメントが反映されている。

　ここまで，主要なアドボカシー概念をみてきたが，これまでにあげた概念だけでも多分に相違点があり，標準化させて概念を論じるのは困難であると感じられる。権利擁護との関係でみると，主に4つに分類化できる。まず，①同義として扱っているもの，②区別があいまいで概念が混在しているもの，③権利擁護の上位概念としてアドボカシーを位置づけるもの，④アドボカシーの上位概念として権利擁護を位置づけるものである（図2−1）。

　ただ，アドボカシーを「活動」と捉えている点は共通しており，本書でもひとまずアドボカシーは「権利擁護」を達成するための「行為」と位置づけ，その集合体である「活動」を含むものとする。よってアドボカシーを権利擁護の下位概念として，あらためて整理を試みる。整理する際にこれまで概観した概念を踏まえ，ソーシャルワークにおけるアドボカシーが【誰の】，【何について】，【どのようにするのか】の3つの項目に視点を当て，それぞ

図2－1 アドボカシーと権利擁護の関係図

①同義として扱っているもの

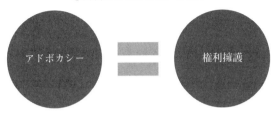

②区別があいまいで概念が混在しているもの

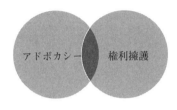

③権利擁護の上位概念として
アドボカシーを位置づけるもの

④アドボカシーの上位概念として
権利擁護を位置づけるもの

出典：筆者作成。

れを検証する。この３つの項目を組み立てていくことで，「活動」の総体である アドボカシーの輪郭が見えやすいと考えたからである。

　【誰の】は簡単にいえばアドボカシーの対象である。ソーシャルワーカーによるアドボカシーであるため，必然的にソーシャルワークの対象となる。それはソーシャルワークの支援が必要な人びとであり，高齢者，障害者，児童，生活困窮者など，いわゆる判断能力が不十分な人びとが思いつく。しか

し，このように個別に列挙するだけでは対象として網羅できない。なぜなら思いつかなかった対象を排除する危険性があるからである。個別具体的に対象をあげてしまうと，「それ以外」は対象に入らないことになる。よって対象には抽象的な表現が適切であると思われる。

　小西は「クライエント」と端的に表現しており，高谷も「社会福祉サービスを必要としている人」を指している。高良と高山も「社会福祉サービスの利用者・クライエント」を対象と認識している点で共通している。岩間の説明についてもソーシャルワークの必要な「クライエント」となっている。以上から抽出すると，アドボカシーの対象はソーシャルワークの「クライエント」，「社会福祉サービス利用者」とイコールであるということになる。ただし，それではこの「クライエント」や「社会福祉サービス利用者」以外は含まれないのかといった問題が残る。「クライエント」も「社会福祉サービス利用者」も，ソーシャルワーク，あるいは社会福祉サービスまでたどり着いていることが前提となる。そうするとアドボカシーを必要としているが，ソーシャルワークや社会福祉サービスにまでアクセスできていない人びとは対象に入らなくなる。この問題を考えるうえで先にあげた北野の概念が参考になる。

　北野の概念には，アドボカシーの対象として，「侵害されている，あるいはあきらめさせられている本人（仲間）」とより抽象度の高い表現が使われている。この概念からは，何らかの要因により権利が侵害され，または自らの権利性をあきらめさせられている人が対象であると読み取れる。岩間は権利擁護の中核的な価値に「本人の主体化」の重要性を述べたが，それが果たせていない状態がまさに権利の侵害であり，あきらめさせられていることになる。つまりソーシャルワーカーによるアドボカシーの対象は，何らかの社会福祉サービスを必要としている人であり，権利が侵害されているために「本人の主体化」が果たせていない状態にある人ということができる。加えて，ソーシャルワークや社会福祉サービスにアクセスできず，権利侵害への抵抗が脆弱な人びとといった，権利侵害の危険性が高い人も含むと考えられる。したがってアドボカシーの対象である【誰の】の部分を，「本人の主体化が果たせない環境や状態にある人びと，またはそのおそれのある人びと」とする。

表2－2　アドボカシー3つの項目分類

	誰の	何について	どのようにするのか
狭義	判断能力が不十分な人々（知的障害者，精神障害者，認知症高齢者など）	生存権などの法律上の権利	代弁・弁護，対決・交渉
広義	自己決定権が侵害されている人，諦めさせられている人	法律上未整備な権利を含む基本的人権	権利や基本的人権の保護・獲得・形成，本人の主体化，エンパワメント支援

出典：筆者作成。

　次に【何について】の部分であるが，これは何の権利が侵害されているか，または侵害のおそれがあるかと読み替えられる。この権利にはソーシャルワークが萌芽期から射程に入れていた古典的な「生存権」をはじめとした人権が当てはまる。これまでのアドボカシー概念には，具体的な権利について明記されているわけではなかった。ただ，アドボカシーが必要な権利は，法令や判例に規定された権利だけではなく，法が未整備である権利も範疇に入れると解される。本書では，憲法学の解釈を援用し，権利は法に規定された具体的な性質をもち，人権は法規定を超えたものと位置づけ，アドボカシーの定義には両方を採用する。よって【何について】の部分には「基本的人権や権利」とする。

　最後に【どのようにするのか】であるが，アドボカシーが「行為」を指す概念であるため，最も重要な部分となる。主要な概念にはキーワードとして「エンパワメント」が用いられている。これは「本人の主体化」であり，現有している権利の「保護」のみならず，侵害された権利の「獲得・形成」とも言い換えられる。それらを具体的に表す行為として，本人の意思の「代弁・弁護」や，「対決・交渉」がある。上にあげた3つの項目について，狭義，広義に分けて整理したのが表2－2である。

　重要なのは，ソーシャルワーカーが行うアドボカシーを念頭に入れなければならないことである。ともすれば，援助する側と援助される側とに関係が固定され，援助する側のソーシャルワーカーが援助される「弱者」に対して「強者」という関係性が成り立ってしまう。このようなパターナリズムに陥ることはソーシャルワーカーとして最も避けなければならない。パターナリ

ズムは一方的に援助される側を「弱者」にするため，かえって本人の主体性や強みを奪ってしまうからである。このような構図はソーシャルワークの歴史の中で幾度となく繰り返され，その都度反省をともなった。

　以上の点を考慮して，これまでの概念を総合すると「基本的人権や権利」を「保護・獲得・形成するため，『代弁・弁護』，『対決・交渉』によってエンパワメントを支援する活動」となる。よって本書ではソーシャルワーカーが行うアドボカシーを暫定的に以下のように定義する。

　　　「本人の主体化が果たせない環境や状態にある人びと，またはそのおそれのある人びとの基本的人権や権利を保護・獲得・形成するため，代弁・弁護，対決・交渉によって本人のエンパワメントを支援する活動」

　この定義の対象には，現に従属的・抑圧的な立場，環境に置かれて生活上の困難を抱えている人びとや，そのおそれのある人びとをも含む。また，ソーシャルワーカーによるアドボカシーであるために，法令や判例によって導かれた権利に加え，それに規定されていない生活上の基本的人権をも獲得する活動と位置づける。ソーシャルワーカーはあくまで本人を主体とした支援を行う伴走者であり，岩間の言葉を借りれば「クライエントのいるところから始める」ことに徹底するため，エンパワメントの姿勢が欠かせない。暫定的ではあるが，上記の定義はソーシャルワークに必要な要素を包含させたということができる。

II　権利擁護の概念・定義

　アドボカシーを活動と捉え，定義を暫定的に設定した。ここからは本書の中核的なテーマである権利擁護の概念・定義について検証する。アドボカシーと権利擁護を区別するには，その違いについて明確にしておかなければならない。本書では，アドボカシーは行為，活動であると定義した。権利擁護はその上位概念であるため，行為や活動を包括するものと位置づける。例によって，先行研究から概念を整理して定義を組み立てていく。

1　権利擁護概念を考えるうえでの視点

　権利擁護についての概念を整理した先行研究は，先のアドボカシーのそれ
と多くは重複する。アドボカシーと権利擁護は同じ意味で用いられる場合が
多く，先行研究でも同義に説明されているものがみられる。
　平田は，各論者の権利擁護の定義を網羅的に列挙して，自らも以下のよう
に定義した。

　　　「自己決定権の尊重という理念のもとに，本人の法的諸権利につき，
　　本人の意思あるいは意向に即して，過不足なく本人を支援すること」
　　（平田　2012）

　この定義についての説明では，アドボカシー概念を導入しながらも，権利
擁護＝アドボカシーではないことが付け加えられている。具体的にはアドボ
カシーのうち，「判断能力が不十分な人びとの意思決定支援とその権利主張
の支援という部分だけを権利擁護」としている。この平田の定義によれば，
アドボカシーは権利擁護をも含めた広い概念ということになる。さらに「自
己決定権の尊重という段階においては，判断能力が不十分な人々だけを対象
とした規範的要請があることを明確にしたかった」と述べている。この説明
から読み取れるのは，判断能力が不十分な人びと（知的障害者，精神障害者，
認知症高齢者など）には自己決定権の段階で特別なニーズがあり，そのニー
ズに対応する限定性を権利擁護として区別したと整理できる。つまり，社会
福祉が支援の対象とした人びとの自己決定権の尊重には，アドボカシーのう
ちの権利擁護が当てはまるということである。アドボカシーの上位概念を権
利擁護とする本書のスタンスとは異なるが，権利擁護は社会福祉に固有の概
念として位置づけた平田の定義は，ソーシャルワークの権利擁護を検証する
際におおいに参考になる。
　また，法令上の権利擁護概念の整理として，狭義，広義，最広義と3種類
に段階を分け，狭義は判断能力が不十分な人に対しての自己決定権の保障，

広義は判断能力の有無にかかわらず自己決定権の保障，最広義は事後的救済を含んだ概念となっていることを示した。そのうえで，広義の概念は「権利実現支援」，最広義は「権利保障」として区別を明確にすることを提案している（平田 2012）。

　ソーシャルワークの権利擁護について考えた場合，平田の「法令上」の整理では捉えきれない部分が出てくる。本書が示したアドボカシーの定義においては，法令や判例によって規定された権利に加えて，法令が未整備な「権利」をも対象にしているからである。権利擁護をアドボカシーの上位概念とすれば，当然そのような法規範にない「権利」を射程に入れることができる。また，ソーシャルワークの対象は判断能力の不十分な人びとだけが対象ではない。岩間が示したように，自らを「主体化」できない人も対象にする。それは病気や障害にとどまらず，女性，子ども，ホームレス，セクシャルマイノリティなど，「相対的剥奪」や「社会的排除」から「あってはならない生活状態」におかれている人びとをも含む。

　以上の検討からソーシャルワークの権利擁護は，平田の示した権利擁護の対象をより広げたものと整理できそうではあるが，このままでは，アドボカシー概念と何が違うのか，が明確にできていない。よってここからは権利擁護とアドボカシーの区別についてより詳細な検討を試みる。

　秋山は，「権利と生活」を擁護するアドボカシー概念に対して，権利擁護は文字どおり「権利」を擁護するのみであるから，「権利擁護」と「生活擁護」を併せもった意味であるアドボカシーは権利擁護よりも広い概念として整理している（秋山 2000）。つまり，生活上の要求は権利に置き換えられないものが存在しているため，その場合は権利擁護ではなく，生活擁護にあたり，アドボカシーの範囲に入れるということである。たとえば，高齢者施設に入所する利用者が，長年自宅で慣れ親しんだ生活リズムを，施設側に要求するための実践はアドボカシーとしている。これはニーズの充足，生活の支援であり，生活擁護である。この生活上のニーズはすべてが権利とは呼べないため，権利擁護ではなく生活擁護を範囲に入れたアドボカシーが採用されるというわけである。ただし，ニーズの充足は，いずれ権利として承認される段階に達する可能性をもち，実定法上の権利として法制化への発展もあり

えるため，アドボカシーの生活擁護は，権利擁護の拡大によって包含される見通しも示している。

　しかし，この生活上のニーズを「権利」と認められないとすれば，これを満たすためのアドボカシーは，何を根拠としてなされるのであろうか。生活上のニーズを満たすことがソーシャルワークの使命だとしても，それが「使命」だから，というのは説得力を持つ理由にはならない。この点はソーシャルワークの実践の根幹に関わる問題であるため，慎重に検討が必要である。

　ソーシャルワークの長い歴史において，実践の根拠は一様ではなかった。それは慈善活動の様相をもったり，または，統治者による秩序維持のためであったりした。資本主義経済が発展するにつれて，社会福祉は労働力確保のための家族の代替機能や，再生産活動への補償の役割も担ったため，そこにソーシャルワークが求められることもあった。このようにさまざまな役割を担ってきた歴史がソーシャルワークにはあるが，最も重要な視点は，岩崎が「福祉原理」で述べたように，援助を必要としている社会的弱者の立場に立った視点である。この視点がなければ，社会福祉のソーシャルワークはその目的を脱してしまう。そうするといとも簡単に社会的弱者の排除に加担してしまう。それは歴史上何度も繰り返されてきた。社会的弱者の立場に立った視点を正当化するのは，やはり誰に対しても守られるべきものとして当然に備わっている人権であり，権利であると答えたい。もちろん，人権について，誰にとっても普遍的に受け入れられる主張であるとはいえない。現実的には人種や性別の差別主義者が存在しており，いくら人権の見地から誤りであると主張しても，差別主義者の価値観を変えられるとは限らない。そうであっても，世界人権宣言をはじめ，この人権を基底においた価値や理念は世界中多くの人びとによって共有されており，あらゆる制度政策に反映されている。

　マイケル・イグナティエフは，人権それ自体がすべての人間に普遍的に備わっているという「宗教的信条」としての偶像化を批判的に論じたうえで，代わりに人権が人間にとって有益である点を根拠に支持を構築する必要性を唱えている。つまり，何が善き生かは多様な文化的背景によって異なるが，何が耐えがたい悪であるかは共有可能であり，その共通項に，いかなる生に

とっても最小限必要とされる条件として人権を用いることができるという（イグナティエフ　2006）。このイグナティエフの人権論をあてはめると，日本国憲法にも規定された基本的人権は，まさに最小限（ミニマム）としての必要条件であり，侵害や剥奪など共有できる悪から守る根拠ということができる。そしてソーシャルワークはこれら基本的人権や権利を守る役割が課せられる。

　生活上のニーズをすべて権利には置き換えられないという指摘は，つまりは，権利は法律によって規定されたものという解釈が前提になっている。そのため，法律上規定された権利だけではなく，規定のない本人のニーズの充足（自己実現）がソーシャルワークには必要であり，それがアドボカシーとなる。このような権利の限界を「道徳的権利」という概念から超える試みもある。確かに川島は法律の世界では，権利を「法律に保護された利益」として，裁判規範を言語的に説明するものと規定している（川島　1967）。一方，高木によれば「権利は法律上に実体化されていなくとも，道徳的に認められる」段階があり，その権利の存在を「道徳的権利」として，「法的権利の規範的指針を与えるもの」と説明する（高木　2017）。この道徳的権利については，秋元も，「基本的重要性」をその内に認められるのであれば，法的権利の母体をなす背景的権利と位置づけ，同じく「道徳的権利」と呼んだ。先の生活上のニーズ（自己実現など）は確かに法律上に規定された法的権利ではないにしても，そのニーズの達成は「基本的重要性」を帯びており，法的権利の背景である道徳的権利にあたると考えられる。それでは，この道徳的権利をすべて法に規定されるべき権利として方向づけることが必要であるかという問いが生まれる。この問いについても，センは性質上必ずしも法制化が正しいとは限らないと述べ，マスメディアで取り上げられ，キャンペーンの実施などにより，法制化されなくても社会に影響を与えることは可能であると説く（Sen 2009）。法制化されていない道徳的権利が社会的に重要であれば，その権利の実現を目指して社会的変化をもたらすということである。

　以上の考察から，ソーシャルワーカーが擁護すべき権利として，法制化された「法的権利」だけではなく，自分らしく生きる権利（自己実現）などのように法では規定されていない「道徳的権利」についても設定できそうであ

る。よって，本書では秋山の分類でいうところの「生活擁護」は，法に規定されていない「道徳的権利」の擁護であり，それはソーシャルワーカーによる「権利擁護」と同義であるとのスタンスをとる。あくまで権利擁護がソーシャルワークの根拠となるのである。

　また，本書ではアドボカシーを「活動」に限定して定義した。権利擁護と定義が同義にされている要因には，権利擁護も「活動」に限定されていることが少なからず影響していると考えられる。そのため，アドボカシーと権利擁護の概念は同じ「活動」として論じられる傾向にあった。ここに権利擁護とアドボカシーのあいまいさがある（図2－1）。そこで本書は，アドボカシーが「活動」であるのに対して，権利擁護はそれ以外の要素を併せ持っている概念とする。それでは「活動」としてのアドボカシーに対して権利擁護は，ほかにどのような要素を含むのであろうか。先行研究にはもちろん「活動」として説明されているものも多いが，中には「制度」や「システム」，「プロセス」を指すものもある。そうすると，アドボカシーという「行為・活動」が可能な「仕組み」と，それによって達成されるべき「状態」や，そこに向かう「過程」を指すものとして権利擁護が組み立てられそうである。この「行為・活動」，「仕組み」，「過程」，「状態」を権利擁護の構成要素として論じることにする。

2　権利擁護の「行為・活動」,「仕組み」,「過程」,「状態」

　権利擁護の「行為・活動」に関しては，アドボカシー定義について検討した際に確認したが，行為としてのアドボカシーがそのまま該当する。「仕組み」については権利擁護を実現するためのシステムにあたる。このシステムは法律や，その法律に根拠をもつ制度・政策がまずはあげられよう。社会福祉基礎構造改革を機に整備された，地域福祉権利擁護事業（現日常生活自立支援事業），成年後見制度などがそれである。それ以外にもオンブズマン制度や苦情解決制度も思い浮かぶ。また，制度・政策によらない地域支援のあり方や，インフォーマル・サービスも権利擁護の「仕組み」となる。これらを総合すると，権利擁護のための「社会資源」といえそうである。

「過程」については，「状態」と合わせて検討する。「状態」は権利擁護の目指すべき目標であり，ゴールである。つまりアドボカシーによって，「仕組み」を活用した先にある望ましい姿ということができる。端的に表せば，権利が擁護された「状態」である。根源的な問いになるが，この「状態」を達成することで何が得られるのか。それは「権利」が何かを問うことでもある。この問いには日本国憲法第97条に直接の言及がみられる。すなわち「この憲法が日本国民に保障する基本的人権は，人類の多年にわたる<u>自由獲得</u>の努力の成果であって，これらの権利は，過去幾多の試練に堪え，現在及び将来の国民に対し，侵すことのできない永久の<u>権利</u>として信託されたものである」（下線筆者）とある。この条文からわかるように，権利とは人類が獲得した「自由」にほからならない。

　近代憲法が保障する「自由」とは，国家の圧政から権利が侵害されないことを確約する，いわば「国家からの自由」と，資本主義経済体制が確立された社会において，巨大な資本や権力から個人の権利が搾取されない「社会的権力からの自由（国家による自由）」に大別される[4]。そのほかにも何についての「自由」なのかは時代とともに概念が広がりをみせており，この自由の獲得こそが，権利が擁護された「状態」といえよう。そしてこの自由の概念をより普遍的な表現で示したのがセンである。センは，自由の概念を「本人が価値をおく理由のある生を生きられる」こととした（後藤 2008）。このセンの自由概念をあてはめるならば，権利が擁護された「状態」とは，自らが価値をおく理由のある生を生きる「自由」が獲得され，達成されたということができる。

　さらにセンは，この「達成された自由」だけではなく，「達成するための自由」にも価値があることを付け加えている。「達成するための自由」は，「所得や富」などの基本財や資源を「自由」に変換する能力や環境に依拠しており，そこには個人差や不平等が存在している。つまり同じ資源を付与され保有していたとしても，有効活用の程度は，個人の置かれた環境や状態によって異なるということである[5]。それは病気や障害によるかもしれないし，抑圧された環境下に置かれているためであるかもしれない。よって，権利擁護の観点から考えた場合，「達成された自由」には，それを選びとるこ

とのできる環境と条件の保障によって、「自由」の拡大が要請される。この「自由」の拡大がなければ、あきらめさせられた環境下での自己決定も、「達成された自由」と評価される危険性があるからである。長く主体性を奪われてきた人びと（あきらめさせられた人びと）は、本来の意思とは違う決定をするかもしれないし、そもそも自分にとって「価値をおく理由のある生」が何かについて想像すらできないかもしれない。センは、「永続的な逆境や困窮状態では、その犠牲は嘆き悲しみ不満を言い続けているわけにはいかない」ため、「根絶し得ない逆境とうまく付き合い、小さな変化でもありがたく思うようになる」と危惧している。これは決して本人が十分な選択肢の中から価値ある生き方を選んだのではなく、限られた選択肢を「仕方なく」選ぶことを意味する。

　権利擁護は本人の側に立ち、本人の意思の尊重が最重要ではあるが、何が本人にとって最善の選択で、「価値をおく理由のある生」なのかは、より慎重に検討を重ねるしかない。そのためには本人の意思を確認する作業に加えて、主体性を取り戻すようなエンパワメントの支援、十分な選択肢を本人が選び取ることのできる能力や環境への支援など、多様な手立てが求められることになるだろう。だからこそ、この「自由」の拡大が必要であり、この拡大を図ることが「達成するための自由」となる。また、この「達成するための自由」とは、権利擁護の構成要素のうち「過程」に該当する。さらにいえば、自由を拡大していくこと（過程・プロセス）にも、本人に十分な選択肢とそれを選び取ることのできる能力や環境への支援が必要だということである。この「過程」に自由がなければ、達成された「自由」はまやかしになるおそれがあるからである。たとえばハンセン病療養所で長く隔離生活を送ったハンセン病の元患者が、地域に出て生活ができるようになったからといって、その人の「価値をおく理由のある生」が達成されたといえるだろうか。ここには結果的に「達成された自由」があるかもしれないが、その「過程」、つまり「達成するための自由」は長い間侵害、剥奪されていた。よって、権利擁護の観点からは十分であると評価することはできないのである。

　以上の構成要素を整理すると、「行為・活動」としてのアドボカシー、「仕組み」としての社会資源、自らが価値をおく理由のある生を生きる「自由」

の獲得が達成された「状態」，この「自由」を拡大していくための「過程」が，権利擁護を構成するには不可欠であると考えられる。ここまでの議論から，「権利擁護」とは行為や活動をも含めた包括的な概念ということになる。以下がその構成概念である。

　　　「権利擁護とは，本人にとって価値ある生を生きる自由の獲得と拡大を達成するために必要な，アドボカシー，過程，社会資源から構成される」

　しかし，本書はあくまでソーシャルワーカーによる権利擁護であることを付け加えねばならない。アドボカシーがソーシャルワークと親和性が高い点から，上記の定義はソーシャルワーカーによる権利擁護といえなくもない。しかし，ソーシャルワーク以外で用いられる権利擁護と何が違うのであろうか。その点を考えるうえでヒントになるのが，社会福祉の方法論である。岡村は，「方法」という用語について社会福祉では混乱と無神経さがあることを指摘しており，生活保護を例にとって「方法」を以下のように説明している。すなわち，「対象者のニード把握から始まって，そのニードに対応するサービスないし処遇の決定，さらにその過程に対象者を参加させ，自主的に生活問題に取り組むように援助し，そして最後に保護を終結するように援助する一連の手続き」である。この方法論を，社会福祉の機能を効果的にする手続き過程と位置づけている（岡村　1979）。これを援用し，ソーシャルワークと権利擁護の関係性を考えた場合，社会福祉士会の倫理綱領に「権利擁護」が倫理基準として位置づけられていることから，権利擁護実践を行う際にソーシャルワークの方法を用いるというのが，ソーシャルワークと権利擁護の正しい関係性である。よって，整理すると以下のようになる。

　　　「権利擁護とは，本人にとって価値ある生を生きる自由の獲得と拡大を達成するために必要な，アドボカシー，過程，社会資源から構成され，ソーシャルワーカーは権利擁護の実践にソーシャルワークの方法を用いる」

この定義では，アドボカシーが権利擁護の構成要素として内包されており，加えて社会資源が必要とされている。そしてその実践に際してはソーシャルワークの方法が用いられることで，ソーシャルワーカーによる権利擁護として明確化した。この定義については，まだ議論の余地が多分にあると思われるが，ひとまずソーシャルワークの実践に参考にできる程度には整理できたのではないだろうか。

　注）
　1）　NASWの委員会はソーシャルワーカーがアドボカシーを実践するにあたり，クライエントの利益を擁護しようとすれば，もう一方のクライエントの権利侵害になる危険性，クライエントや集団のためにアドボカシー間の葛藤に巻き込まれる可能性，アドボカシーがクライエントの依存性を高めてしまう可能性といった3つのジレンマについて強調している（高谷　2000）。
　2）　なお，小西はアメリカを中心としたアドボカシーの系譜を1900年から10年単位で取り上げて整理している。
　3）　ただし，アドボカシーの定義や枠組みについては，各国の職能団体，ソーシャルワーカー個人においても統一されているとはいえず，倫理綱領にアドボカシーを多用しているNASWも言葉の定義そのものは明確であるとは言い難い。
　4）　国家からの自由の保障を中心に組み立てられている近代憲法の条文は，私人間相互の問題である社会的権力からの自由について適用されないとするのが通例である。ただし，わが国の民法など，私人間の権利関係を規定した法令に，憲法の人権規定を読み込んで間接的に適用する間接適用説をとっている。一方で法人にも一部人権を認めるとしている判例や，「一般市民社会とは異なる特殊な部分社会を形成している」場合は司法審査から除外されるとする論理は，私人の権利侵害の救済を狭めているといった指摘もある（樋口1996）。
　5）　センのケイパビリティアプローチは，個人が保有している財やサービスに加え，それを活用できる能力や環境から，選択肢の広がりを捉えることができる。この観点からは，本人があきらめさせられている状態で選択した本人の生を，本人の自己決定だからといって最善の結果と安易に評価はできない。つまり，本人の自己決定を最優先しながらも，その選択肢の幅の広がり（自由）を社会的に保障することに注力する面を確認できるアプローチである。

第3章

社会福祉士と権利擁護

ソーシャルワークとアドボカシーの密接な関係から，アドボカシーがソーシャルワーカーの主要な活動の一つとなっていることがわかる。ただ，わが国のソーシャルワーカーの多くは組織や団体に所属しており，所属先の業務を優先的に行っている傾向が強いと予想される。そこで，本章では，わが国のソーシャルワーカーの実態から，権利擁護に関していかなる実践が行える環境にあるのかを把握する。

I　社会福祉士の専門性

わが国のソーシャルワーカーの実態を把握する際，本書では基本的に社会福祉士に着目する。社会福祉士はソーシャルワーカー国家資格として最初に法制化され，全都道府県に職能団体が組織されているため，量的にも質的にも実態把握が一定の水準で可能と考えたからである。

1　社会福祉士にとっての価値・知識・技術

社会福祉士には身につけなければならない価値，知識，技術がある[1]。それは1987年に制定された社会福祉士及び介護福祉士法から読み取ることができる。この法律では社会福祉士を以下のように定義している。

　「社会福祉士」とは，第28条の登録を受け，社会福祉士の名称を用い

第3章　社会福祉士と権利擁護　　57

て，専門的知識及び技術をもって，身体上若しくは精神上の障害がある
こと又は環境上の理由により日常生活を営むのに支障がある者の福祉に
関する相談に応じ，助言，指導，福祉サービスを提供する者又は医師そ
の他の保健医療サービスを提供する者その他の関係者（第47条において
「福祉サービス関係者等」という。）との連絡及び調整その他の援助を行う
こと（第7条及び第47条の2において「相談援助」という。）を業とする者
をいう。

　さらに同法は社会福祉士の義務として，「誠実義務」，「信用失墜行為の禁
止」，「秘密保持義務」，「連携」，「資質向上の責務」を列挙している。この法
律から社会福祉士は専門的な知識，技術を用いて日常生活を営むのに支障が
ある者と，保健，医療，福祉の関係機関との連絡調整，相談援助がその中心
的業務であることがわかる。なおかつ同法に規定された義務の遂行が必須と
なっている。法の内容は社会福祉士がいかにあるべきかについて大半を占め
ており，ソーシャルワークへの直接的な言及はない。他方，公益社団法人日
本社会福祉士会の倫理綱領にはソーシャルワークの定義が明記されており，
「前文」，「原理」，「倫理基準」で構成されている。この倫理綱領から，社会
福祉士はソーシャルワークの専門職であることが確認できる。
　倫理綱領の前文は，アドボカシーのキー概念にも重なる「社会正義」，「人
権」，「変革」が見られ，また，先に示したIFSWの定めたソーシャルワー
カーのグローバル定義が基盤となっている。権利擁護に関しては，「倫理基
準　Ⅰ．クライエントに対する倫理責任　11．（権利擁護）」の中で，「社会
福祉士は，クライエントの権利を擁護し，その権利の行使を促進する（下線
筆者）。」（日本社会福祉士会　2020）と謳われている。このように社会福祉士
はソーシャルワーカーの専門職であることは自明であり，ソーシャルワー
カーが備えるべき価値や倫理，技術や知識が求められることになる。これら
を一括りに社会福祉士の専門性と呼ぶことはできるが，この専門性を現実的
に発揮できているかは別問題である。先述したが社会福祉士はほとんどの場
合，組織や団体に所属しているため，その組織の価値基準によって職務を統
制されている場合が多いと推測されるからである。次節では社会福祉士の養

成課程に権利擁護がどのように位置づけられているのかを確認する。

2　社会福祉士養成課程に権利擁護が導入された経緯

　社会福祉士が専門資格として国家資格化に至るまでの背景については秋山
(2007) が詳細に記録している。戦後の1950年代から民間福祉施設で働く社
会事業従事者の劣悪な労働条件の実態が明らかにされるにつれ，「資格化」
と「生活実態の改善」が要求されるようなる。1960年代には医療分野に従事
するソーシャルワーカーの職能団体である，日本医療社会事業協会が資格化
に最も熱心だったと報告されている[2]。しかし，その後，学歴偏重，経験偏
重どちらに対しても根強い反対論があり，そのほかにも時期尚早や労働条件
の改善が優先されるべきなど，ソーシャルワーカーの専門資格化への少なく
ない反対論によって，当時厚生省の諮問機関で検討されていた「社会福祉士
法制定試案」は，1976年に一度白紙撤回されている。
　その後も専門資格化の機運上昇は継続し，著名な研究者による厚生省への
要望書や，全国社会福祉協議会などの懇談会による資格化の提言などを経
て，資格化への国際的なプレッシャーも加わり，1987年に，ケアワーカーの
専門資格である介護福祉士と同時に「社会福祉士及び介護福祉士法」の制定
によって社会福祉士は国家資格化された。なお，第1回の社会福祉士国家試
験は法制化2年後の1989年に実施された。2020年3月時点での社会福祉士登
録者数は24万5181人となっている。
　この法制化の背景にはわが国の高齢化により，ソーシャルワークとケア
ワークの人材確保への要求の高まりが影響したことはいうまでもないが，厚
生省のトップダウンによる法制化と捉えられる向きと，ソーシャルワーカー
をはじめとした社会福祉従事者の運動の結果と評価するものとに分かれてい
る。いずれにしてもソーシャルワーカーの国家資格としてわが国で初めて法
制化された意義は大きい。
　2008年度と2021年度（現時点では見込み）の2度，養成課程改正が行われ
た社会福祉士であるが，「権利擁護」が科目に導入されたのは2008年改正の
ときである。それまで国家試験は13科目となっていたが，19科目（18科目群）

へと変更された。具体的には「社会福祉原論」という科目はなくなり，新た
に「就労支援サービス」や「更生保護制度」などが追加された。より実践に
即した知識習得を目的として，科目名から「〜論」が削除された。このよう
な科目の再編は，社会福祉士の職域の拡大が背景にあり（森田　2016），社会
福祉士へのニーズの多様化，複雑化が影響している（日本社会福祉士会
2017）。また，この時の改正に伴い「権利擁護と成年後見制度」が新設され
た。

　この科目には，現在，旧科目の「法学」の内容にあたる憲法，民法，行政
法が含まれている。2008年改正が検討段階にあった時点では，上記の内容は
外されていたが結果的に盛り込まれることになった。橋本（2011）は，わが
国の社会福祉の発展には朝日訴訟をはじめとする生存権獲得，拡大の運動
や，ソーシャルアクションの過程において行政不服審査法，行政事件訴訟法
のような行政法と不可分な点が，結果的に法学の基礎内容を復活させた理由
であると指摘している。

　社会福祉士が法学を学ぶ理由は何か。岡村は社会福祉の機能として「調整
的機能」をあげたが，これが社会福祉の知識が他領域の学問にまたがる根拠
と捉えることができる。すなわち，法学，医学，教育学，心理学，社会学な
ど社会福祉はこれらの学問領域に踏み込みながらその知識を体系化して実践
に用いるという特徴がある。これらの学問分野を個別にみればそれぞれは独
立している。ここに生活という枠組みを当てはめると，独立していた学問領
域は関連し合ったものになる。生活は上記の学問体系の知識や，制度，政策
が統合されており，それらを調整する営みといってよい。しかし，この統
合，調整が何らかの要因で阻害される場合がある。その要因を人と人，また
は人と環境との接点に見出すのがソーシャルワークであり，ソーシャルワー
カーはその接点によって生じる，個人，集団，環境間の良好な交互作用の調
整を手助けする役割がある。特に法制度は生活者を取り巻く社会資源として
の「環境」でもあるため[3]，ソーシャルワーカーには法学の知識が必然的に
求められる（橋本　2011）。これが岡村の明らかにした社会福祉の「調整的機
能」である。この調整的機能を社会福祉士が駆使するには，それぞれに独立
した学問領域の知識を統合して，ソーシャルワークに使える道具として身に

つけなければならない。ここに他領域の学問を学ぶ根拠がある。

　しかしながら2008年改正前は，法学はカリキュラム上30時間が確保されていたが，改正案では「法学」という名称はなくなり，「成年後見制度」と制度のみの科目名となっていた。時間的にも15時間と半分に削減される予定であった。この改正案に対して，日本社会福祉士会は主に2点指摘している。すなわち，科目としての「成年後見制度」は制度の解説の域を出ておらず，権利擁護のための制度であることの理念が反映されていない点，2点目は，権利擁護の一環として法律問題に対処する際，適切に法律機関につなげることができるよう憲法，民法，行政法の基礎的な内容を担保する必要性である。これを受けて厚生労働省は「権利擁護と成年後見制度」と科目名を改め，法学の基礎的な知識を加え，時間数も30時間と増加させたのである（武藤　2008）。

　2008年カリキュラム改正前の「法学」テキストには，出版社によって特色に違いがあるものの，憲法，民法，行政法の理解は共通項であった。その一方権利擁護実践についての事例の記述は少なく，カリキュラム改正に向けて権利擁護実践を具体的な方法論として確立する必要性が科目名に「権利擁護」を加えた背景とみることもできる。

3　テキスト比較による権利擁護の内容

　本書がメインに取り上げる権利擁護について，社会福祉士養成課程にて使用されるテキストにはどのように記述されているのであろうか。ここからは2008年のカリキュラム改正後のテキストを比較して，権利擁護がどう位置づけられ，述べられているのかを武藤の比較研究方法を参考にしながら論じてみたい。対象とするテキストは，社会福祉士の国家試験科目である「権利擁護と成年後見制度」である。比較対象としたのは中央法規出版，ミネルヴァ書房，全国社会福祉協議会（以下，全社協）から出版されたテキストである。これらはインターネットの検索サイトで検索した場合に，最も多くヒットし，社会福祉士養成施設である大学，専門学校等で使用される頻度が高いと予想されるからである。

章立て	中央法規	ミネルヴァ書房	全社協
社会福祉における権利擁護		序章	
社会生活と法			第1部第1章
相談援助の活動と法	第1章	第1部	第1部第2章
相談援助において想定される法律問題	第1章第1節	第1部第1章	第1部第2章第1節
日本国憲法	第1章第2節	第1部第2章	第1部第3章
民法	第1章第4節	第1部第3章	第1部第4章
行政法	第1章第3節	第1部第4章	第1部第5章
成年後見制度	第2章	第2部第5章	第2部第1章
成年後見制度利用支援事業	第4章	第2部第5章第8節	第2部第1章第7節
成年後見制度と関連領域	第1章第5節	第2部第6章	
日常生活自立支援事業	第3章	第2部第7章	第2部第2章
権利擁護に関わる組織・団体	第5章	第3部第8章	第2部第3章
権利擁護活動の実際	第8章	第3部第9章	第2部第4章

出典：筆者作成。

　2つ以上のテキストで内容の共通したものがみられた場合，その章や節を取り上げた。また，「権利擁護」について概念的な記述が各テキストの中に1箇所でもあれば，その章，節についても取り上げた。章立ては主な内容がわかる表記に省略している。それらを比較したのが**表3－1**である。

　それぞれのテキストの内容から，基本的に国家試験の出題基準に沿って構成されていることがわかる。表の章立ての上から2つは，権利擁護の概念についての記述がみられたため，マスの色を濃くした。従来の法学から引き継いだ内容に加え，成年後見制度とその周辺制度が内容の多くを占めている。また，その制度にまつわる実践事例も各テキストの内容に収録されている。特に中央法規のテキストには，成年後見制度を活用する事例を別に章立てしてあり，実践事例については内容のボリュームが他のテキストよりも厚くなっていた。これはより実践に生かせる知識の習得を意図したものと思われる。

　一方で，権利擁護の概念，定義に関してはそれぞれのテキストに記述の差

が確認できる。ミネルヴァ書房と，全社協のテキストには権利擁護の概念にふれられている。ミネルヴァ書房は序章にて6ページを割いて権利擁護の概念が説明されている。具体的には権利擁護を「権利」と「擁護」に分けて，擁護すべき権利を社会権の誕生の歴史からひも解いて説明されており，「地域で暮らす権利」と平易な表現を用いて論じている。さらに権利擁護の概念については，「判断能力の不十分な人々または判断能力があっても従属的な立場におかれている人々の立場に立って，それらの人々の権利行使を擁護し，ニーズの実現を支援すること」と，秋元と平田（2015）の定義を引用している。

　この定義は，権利擁護を「支援すること」と捉えており，行為・活動としての定義であり，本書で示したアドボカシーの定義に近い。対象も判断能力が不十分な人びとだけではなく，従属的な立場におかれている人びとも含まれていることから，広義の概念といえる。全社協のテキストでは，第1部第1章第4節「社会福祉と法」の中で，権利擁護について，およそ1ページの分量で説明している。主体（誰の），客体（誰に対する），内容（どのような）から構成される法学一般の権利概念と，社会福祉分野での権利擁護概念の違いについて述べられている点が特徴的である。社会福祉分野では法学の裁判規定に基づいた「権利擁護」の範囲だけではなく，擁護すべき対象者の生活そのものが射程に入っており，広範な概念として説明されている（菊池2018）。これは秋山が論じた「生活擁護」の概念に近い。中央法規のテキストには権利擁護の概念についての説明はみられない。

　ミネルヴァ書房のテキストは比較的，権利擁護の概念に分量を使っていたが，テキスト全体を通してみるとそう多いとはいえない。このことから権利擁護が何を指すのかについて養成課程を経た社会福祉士が言語化できるほどの知識になり得ると評価するのは難しい。2008年のカリキュラム改正で，より実践的な知識の習得をねらいとした内容が反映されているとしても，実践の前提となる権利擁護の概念，定義についてはテキストを比較してみても標準化されているとはいえない。

　前回のカリキュラム改正から10年以上が経過し，2021年度の新カリキュラム導入に向けて科目等の検討が最終段階に入っている。2020年5月現在，厚

生労働省から示された新カリキュラムの概要では，従来の「権利擁護と成年後見制度」は「権利擁護を支える法制度」となる予定である（厚生労働省2019）。この科目の中で，ソーシャルワークの専門職として権利擁護を，その理念や背景，定義をどう獲得していくのか，現時点では不明である。いずれにせよ，養成課程の段階で，実践を支える理論としても権利擁護について学ぶ機会を設ける内容が設定されることが望ましい。それがソーシャルワーカーとしての社会福祉士の専門性につながるからである。

4　社会福祉士の拠り所となる理論としての専門性
──岡村社会福祉論の批判的検討

　本節の最後に，ソーシャルワーカーによる権利擁護の観点から，岡村重夫の社会福祉論を批判的に検証しながらあらためて社会福祉士の専門性を論じる。ここであえて，岡村重夫を取り上げた理由は，現代においてもなお岡村社会福祉論は社会福祉の固有性，専門性を直接的に論じた点で際立っており，重要な示唆が得られるからである。ただし，本書は岡村の理論を，議論を挟み込む余地のない，完璧に構築された完成形であるとの立場は取らないことを付け加えておく。

　岡村は，古典的名著「社会福祉原論」において，社会関係の二重構造を発見し，社会福祉は社会関係の主体的側面の困難に視点を当てることがその固有性の一つとした（岡村　1983）。個人が社会生活を営むうえでの基本的要求には，社会制度・政策を通して実現が図られていく[5]。このような制度と個人の関係を社会関係と規定した。現代の専門分業化された社会制度は，その独自の専門領域から個人の要求に応えるため，他分野の要求に答えられる機能を持ち合わせていない。たとえば，医療に関する要求は医療保険制度が適応するが，教育に関する要求には答えられない。つまり病気を抱えた患者の役割を医療保険制度側から規定して該当すれば要求に応えるのである。これを「社会関係の客体的（制度的）側面」であることは，第1章第1節で述べた。

　一方で，個人の基本的な要求は複雑多様であり，単独の社会制度が応じて

も不十分である。専門分業化された制度に該当する役割を，何重にも重ねながら調整を図っているのが個人の生活である。医療，教育，住宅，就労などの制度的側面（社会関係の客体的側面）からみれば，それぞれは関連性のない問題となるが，個人の生活から捉えるならば，これらは分けることのできない問題である。病気のために就労が不可能となった場合を考えてみても，対応する制度として考えられるのは，医療保険，失業保険，生活保護など複数にわたる可能性があり，個人の側に立てば，それらを関連づけ，または調整しなければならない。場合によっては制度の不備に異議を申し立てたり，改善を要求したり，新制度の創設も視野に入れる必要もあるかもしれない。このように社会関係を客体的側面からだけではなく，生活者の側から掴もうとする視点こそが，「社会関係の主体的側面」である。

　生活者という視点で見るならば，社会福祉の原理[6]のひとつである，「全体性の原理」にも着目する必要がある。この原理は，個人の生活上の要求をそれぞれ切り離して見るのではなく，「社会関係の主体的側面」から個人の生活を包括的に見る視点が基盤となっている。生活者個人は制度の役割を調整しながら生活を成り立たせており，一つの制度だけで生活を完結することは不可能である。だからこそ生活の全体性を把握して支援する必要性が生じるのである。このように生活の全体性を捉えなければ生活者個人の生活は成り立たないという原理を「全体性の原理」とした（岡村　1983）。また，この個人の生活全体は個人によっても様相が異なるため，一律に規定された対応は十分ではない。これは社会福祉には個人の多様な問題を取り扱う使命から避けられないという特質の故である。なぜならフォーマリズムによっては対応できない問題，課題に向き合う必要があるからである。岡村はここにこそ社会福祉の固有性があるとした。この固有性の発見は社会福祉をより体系化した理論への発展に導いたといえよう。

　ただし，猪飼（2015）によれば，社会関係の二重構造は制度と個人の関係性から，生活問題を把握することに重きがおかれ，その点については成功したといえるが，「制度の狭間」に存在する問題やニーズについてはソーシャルワークがいかに対応するのか，また，なぜ対応しなければならないのかを説明できないと批判する。つまり，社会制度と個人の関係性以外で発生した

問題については，社会福祉の視野からこぼれ落ちる危険性にこの理論の陥穽があるということである。

　この点は，戦後の社会福祉本質論争によって繰り広げられた岡村社会福祉論批判とも重なる。すなわち，個人と制度の関連として捉える社会関係は，そこに「人」の存在を消失させる。制度との関係といっても，その仕組みの運営や給付は「人」が行うのであり，「人」を介さずに制度それ自体が個人との関係のダイナミズムを作っているとする認識は，マルクスの資本論によるところの「物神崇拝」に近い（真田　1989）。また，個人と社会の関係性を論じている点で，個人と社会は分離されたものとの前提があり，社会福祉は社会制度による個人の生活問題の調整に限定される。ここには，生活者のニーズから社会制度が変革，開発されるといったソーシャルアクションが見られない。また，孝橋や真田，一番ヶ瀬らが，社会福祉事業を資本主義経済体制の維持，存続のために「譲歩」として実施される，資本側の合目的性を明らかにしたのに対し，岡村は自らの理論を「非マルクス主義社会福祉論」と規定しており（松本　2014），資本主義経済を引き合いに出した論の展開は行っていない。この点こそが多くの論者からの批判が集中される的となった。孝橋が資本主義存続のための合目的性をもった，資本側の意図する政策としてしか社会福祉はありえないと強弁したほどまでに，社会福祉政策は資本主義経済体制から生じる社会問題を見ずには存在し得ないのである。

　ここまでの岡村社会福祉論の批判をまとめると，制度との関係に視点が集中するあまり，制度の狭間に存在するニーズを見逃すおそれがあること，また，岡村自身も自認しているように「非マルクス主義社会福祉論」であるため，資本家からの搾取によって生じる労働者の困窮化に伴う社会問題に，社会福祉が向き合いえないとするものである。これはわが国のソーシャルワーカーが労働問題に対してほとんど無関心である現状を見ると説得力をもった批判である。

　先述したように社会福祉の対象についての活発な議論は1950年代に起こった「社会福祉本質論争」に見ることができるが，その代表的な論法は資本主義社会でこぼれ落ちてしまう人びとが社会福祉の対象であるというものである。さらにいえば，資本主義発展による経済状況の変化によって不可避的に

表出する社会問題を，資本主義を存続させたい資本側の「譲歩」として扱うのが社会福祉の性質であるとする論理である（真田　1977）。資本主義経済の発展は，多数を占める労働者の労働力を低コストで使用し，多くの価値を生み出そうとする仕組みを加速させる[7]。そこに発生する非人間的な生活環境や人権侵害は社会問題としてマクロ的に認識されやすくなる。労働運動も生存権保障の問題も，まさに資本主義経済体制の加速と強化の結果として把握できる。

　猪飼は個人が標準的に有しているニーズが多く存在する場合は，国民皆保険，皆年金制度のような多くのマスを対象とした制度が有効であるが，マスに働きかける制度では，複雑で多様化した個人の問題をフォローするには限界があり，どうしても個別ニーズに対応する「生活モデル」を採用せざるをえないと論じた。一方で，社会が発展する過程で生活問題や対応する制度が複雑化するといった，歴史的傾向を前提にした岡村理論を否定している。すなわちこの点についても，民俗学，人類学，文学，歴史学などの視点から，制度が複雑化していない社会であるからといって個人の生活が単純であったわけではないため，「生活モデル」の必要性を単に歴史的傾向として判断してしまうことに異議を唱えているのである。

　猪飼が指摘するように，生活の多様性や複雑性は社会の発展に比例するとは言い切れない面もある。岡村理論は，制度と個人の関係性に視点を向けており，その基盤にあるのは個人の側からみる社会である。また，生活全体に横断的に関わる問題を捉える社会福祉固有の視点を発見した。岡村理論以前にはこのような固有性は把握されていなかった点を踏まえると，その段階では個人が抱える問題は，大枠で括ることが可能な問題にだけフォーカスされていたとも想像できる。つまり，岡村以前は顕在化した見えやすい問題への対応が中心であったということである。一方で岡村の社会福祉論は社会制度と個人の関係に社会福祉が対処する問題が発生するとしても，それはあくまで個人の生活に立脚して社会問題を扱う点に特徴がある。資本主義と個人の生活の軋轢から生じる問題の把握は，マクロからメゾ，ミクロへと向かうのに対し，岡村の社会関係の主体的側面は個人（ミクロ）から制度（マクロ）へと向かう方向性をとる。つまり，社会制度との関係性に限定され，運動論

的な要素やソーシャルアクションの視点が欠けているという岡村理論への批判に対して，個人の生活単位であるミクロな視点をスタートとするからこそ，同時に多数のマスに働きかける制度では拾えない問題を掴む視点に応用できる可能性があると答えられる。このことは猪飼の説明した「生活モデル」による支援とも重なり，この流れによる支援を採用すれば制度の不備や欠陥を見つけるという利点にもなる。なぜなら，支援の動機が，生活者個人が抱える問題からであるため，その問題に対処するためにどのような制度，政策が必要なのかを検討するきっかけになるからである。つまり既存の制度に個人をあてはめるのではなく，個人の側に制度を当てはめていこうとする力に加え，制度の不備，未整備を補う動きにつながるのである。

このように考えると，岡村の社会福祉論は必ずしも制度が複雑化した社会においてのみ有効であるとする限定性は当てはまらない。つまり制度の発展途上の過程においても，生活の複雑さを捉える可能性を有しており，また，その方策を考える視点となりうる。岡村の社会福祉論を再解釈すると，個人の生活問題が歴史的経過をたどることで複雑になるというよりも，見逃されてきた問題が，社会関係の主体的側面によって発見された結果，複雑化したというべきであろう。制度の複雑化に伴い新しい問題が発生した面もあるにせよ，これまで放置され，知らされずにいた問題が生活モデルの視点によって俎上に載せられ，対応できる制度，政策の確立へと貢献する仕組みに岡村理論は応用できるといえる。また応用する際に本稿が定義したアドボカシー，権利擁護の概念を当てはめていくことで生活の困難を抱えた人びとの権利の侵害（自由の剥奪）を見る契機となる。権利擁護の観点から個人の生活を見て，制度，政策の不備を突くことは，資本主義経済のメカニズムから必然的に生じる社会問題に対峙する動力となりうる。

このように，社会福祉の固有性について岡村社会福祉論の批判的検討から再解釈を行った結果，「社会関係の主体的側面」，そして，「全体性の原理」を権利擁護の観点を用いて応用することで，これまでの批判を超える可能性を見出すことができる。よって現代においても岡村社会福祉論は社会福祉士がもつべき専門性と密接に関わる理論として不可欠である。ソーシャルワーカーによる権利擁護には，生活者の個別性への眼差しが基盤となっており，

その意味で岡村の社会福祉論を再解釈して，応用する必要性が生じるのである。

Ⅱ　社会福祉士の実態

これまで，社会福祉士の専門性をその理念や価値から論じてきたが，実際の社会福祉士が，どのような環境下で，また，ソーシャルワーカーとしての倫理，価値がいかに反映されているのかを検証する。その際，先行研究と筆者が行った独自の調査結果から考察する。

1　社会福祉士会会員への調査

（1）　結果の概要

日本社会福祉士会が，会員に対して実施した悉皆調査「ソーシャルワーク専門職である社会福祉士のソーシャルワーク機能の実態把握と課題分析に関する調査研究事業」（日本社会福祉士会　2019）をもとに全体の傾向を確認する。日本社会福祉士会は2018年8月末に全国の会員に調査票を配布し，12月までを回答期限として，合計7512人から回答を得た（回収率17.8%）。全体の傾向として，男性（40.8%）より女性（59.2%）が多く，年齢は40代までが58%を占めた。最終学歴は大卒が76%であった。社会福祉士の取得ルートに関しては，福祉系大学で国家試験受験資格を得たのち資格を取得する割合が41.4%で最も多くみられた。

回答者の就労状況に関しての項目では，福祉分野の職歴の有無，福祉分野以外での職歴の有無，現在の就労状況がそれぞれ尋ねられている。福祉分野での職歴は94.9%が「あり」と回答する一方，福祉分野以外での職歴も64.4%が「あり」と回答している。また，現在，93.5%が就労しており，そのうち「国・地方自治体」18.2%，「社会福祉協議会」10.5%，「社会福祉協議会以外の社会福祉法人」29.4%，「医療法人」12%，「その他」29.9%であった。こうしてみると社会福祉法人に勤務する社会福祉士が最も多く，次いで

国・地方自治体の公務員，医療法人，と整理できる。ただし，「その他」の割合が比較的高く，その内訳は示されていないため不明であるが，社会福祉法人や医療法人以外の民間（株式会社，NPOなど）や独立型社会福祉士などがここに含まれていると考えられる。

　実際に就労先の種別を見ると，地域包括支援センター（10.5%），病院・診療所（10.3%），介護保険施設（9.8%）が比較的多くを占めている。また，一定の割合で独立型社会福祉士事務所（2.5%）との回答も見られた。次に就労先における役職であるが，31%が「管理職（管理職手当てがある）または経営者」であり，「管理職または経営者ではない」が69%であった。就労先の主な職種になると，「社会福祉士」が24.3%と最も高い割合を占めた。これは社会福祉士の配置を義務づけている地域包括支援センターに勤務する割合が高かった点と関連があると思われる。次に「相談員」17.6%，「介護支援専門員（ケアマネジャー）」18.1%となっている。

　就労形態は「正規職員」が73.8%と最も多くを占めた（図3－1）。年収に関しては，割合の高い順に「300万～400万円未満」24.1%，「400万円～500万円未満」19%，「200万～300万円未満」18.4%，「200万円未満」12.6%となっている（図3－2）。

　年収は300万円未満が31%である一方，500万円以上も25.8%と3割弱を占めている。全体としては400万円未満が55.1%と半数を超えている（図3－2）。正規職員の割合が73.8%と高い割合を占める一方で，年収については かなり差が見られる。このことから正規職員としても，その就労先，職種によっては収入に幅があるということが予想される。当然地域間での平均収入の違いも要因として影響していると推測できる。

　次に社会福祉士を取得していることに対しての資格手当の有無であるが，「あり」との回答は30%，「なし」が70%であった。社会福祉士を持つからといって必ずしも手当が付いて優遇されているというわけではない現状が見られる（図3－3）。資格手当の額や，どのような支給形態なのかはこの調査結果からは把握できないが，収入の幅があったことを考えると，資格手当にもその額には幅があるものと想像できる。また，現在の就労先での就労年数は「10年～20年未満」が最も多く24.4%であり，最も少ないのは「1年未満」

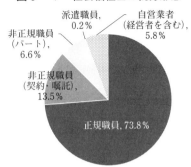

図3−1　社会福祉士の就労形態

派遣職員, 0.2％
自営業者（経営者を含む）, 5.8％
非正規職員（パート）, 6.6％
非正規職員（契約・嘱託）, 13.5％
正規職員, 73.8％

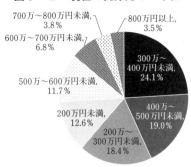

図3−2　現在の就労先での年収

700万〜800万円未満, 3.8％
800万円以上, 3.5％
600万〜700万円未満, 6.8％
500万〜600万円未満, 11.7％
300万〜400万円未満, 24.1％
200万円未満, 12.6％
400万〜500万円未満, 19.0％
200万〜300万円未満, 18.4％

出典：図3-1, 2ともに日本社会福祉士会（2019）「現在の主たる就労先における就労形態」『ソーシャルワーク専門職である社会福祉士のソーシャルワーク機能の実態把握と課題分析に関する調査研究事業　報告書』17頁をもとに筆者作成。

図3−3　資格手当

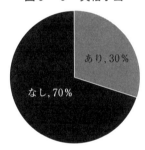

あり, 30％
なし, 70％

出典：日本社会福祉士会（2019）「現在の主たる就労先における就労形態」『ソーシャルワーク専門職である社会福祉士のソーシャルワーク機能の実態把握と課題分析に関する調査研究事業　報告書』18頁をもとに筆者作成。

の10.2％であった。所定就労時間を超えて働く割合は，「ある」46.2％，「ときどきある」38％であり，84.2％が所定労働時間を超えて働いていることになる。

（2）　社会福祉士としての活動状況

これまでの調査結果の傾向から，社会福祉士は多くの場合，なにかしらの

組織（法人）に所属して就労していることがわかった。社会福祉士は所属組織の一職員である前に、ソーシャルワーカーの国家資格を有した専門家である。そのため、所属機関の業務にとどまらない社会的役割や、そのために必要な自己研鑽の場への参加が求められており、それは職場以外での研修や活動などが含まれる。では、実際に社会福祉士がソーシャルワーカーとしての技量を向上させる取り組みをどの程度行っているのかを調査結果から確認する。

　日本社会福祉士会は社会福祉士取得後、より高度な知識、技術を用いて実践する社会福祉士のキャリアアップを支援するために、2011年に「認定社会福祉士制度」をスタートさせた。この制度には、高度な知識、技術を用いて「個別支援、他職種連携及び地域福祉の増進を行うことができる能力を有することを認められた者」である認定社会福祉士と、「人材育成において他の社会福祉士に対する指導的役割を果たし、かつ実践の科学化を行うことができる能力を有することを認められた者」である認定上級社会福祉士が定められている。つまり、一定の実践能力を有する認定社会福祉士と、さらに上級で指導的な立場の認定上級社会福祉士について設定されているということである。この両資格は任意団体である「認定社会福祉士認証・認定機構」が認定する仕組みとなっている（図3－4）。認定社会福祉士になるには5年以上の実務経験と、認証された研修の受講（20単位以上）とスーパービジョンの受講が要件となっている。認定上級社会福祉士は、認定社会福祉士取得後、さらに5年の実務経験を積み、必要な研修、スーパービジョンの受講、口述、論述試験をパスすることが課せられる。2020年4月9日現在、952名が認定社会福祉士として認定されている（日本社会福祉士会　2020）。

　今回の調査結果では、この認定社会福祉士について、登録「している」割合は3.7%、「していない」が96.3%であり、ほとんど登録が進んでいない状況が示された。また、認定社会福祉士に必要なスーパービジョンを実施できるスーパーバイザーの登録についても、「していない」が96.7%と極めて高い割合となった。このことから、認定社会福祉士の登録と、その登録に必要なスーパービジョンの実施体制については、まだ十分に進んでいるとは言えない状況にあるということがわかる。実際、制度制定時の2011年に、5年後

図3－4　認定社会福祉士の認定までの流れ

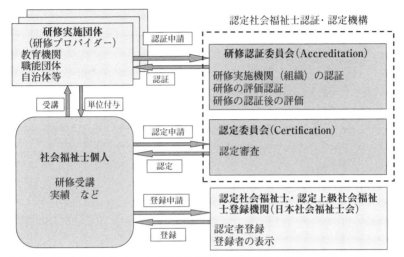

出典：日本社会福祉士会（2011）「認定社会福祉士制度制定」『プレスリリース』。

　の目標として2000人をあげていたが，9年後の2020年においてもその半分も満たしていない。現在，2025年の目標値として新たに7000人が設定されたが，これが達成されるかは不透明な状況といわざるを得ない。

　ほかの分野に視点を移すと，実習指導者の講習受講終了の項目がある。これは社会福祉士を目指す実習生の指導者になるための講習会の修了状況である。社会福祉士の養成には指定された施設，機関で一定時間数の実習が必要である。その実習先には社会福祉士の実習指導者が配置されていなければならず，その指導者として認められるための講習が社会福祉士実習指導者講習会である。これは日本社会福祉士会の事業として全国の都道府県社会福祉士会が受託して実施しているケースが多い。その講習会についても，受講終了「している」のは34.3%，「していない」が65.7%である（図3－5）。一方で，実習指導の担当経験の有無は，「している」が64.5%，「していない」が35.5%と逆転している。

図 3 - 5　実習指導者講習会修了の有無　　図 3 - 6　ぱあとなあの名簿登録の有無

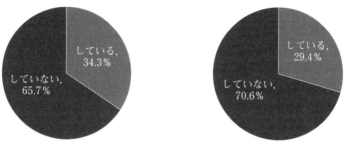

出典：図 3 -5, 6 ともに日本社会福祉士会 (2019)「現在の主たる就労先における就労形態」
『ソーシャルワーク専門職である社会福祉士のソーシャルワーク機能の実態把握
と課題分析に関する調査研究事業　報告書』22頁をもとに筆者作成。

　ほかにも成年後見人として活動するために必要な「権利擁護センターぱあ
となあ名簿登録」の有無については，「している」が29.4%，「していない」
が70.6% であった（**図 3 - 6**）。これらの結果から推測されるのは，時間を要
する講習，研修等への参加の難しさである。実習指導者講習会は，基本的に
は 2 日間のプログラムになっており，ぱあとなあの名簿登録には，3 年間の
基礎研修を受講して，そこからさらに「ぱあとなあ養成研修」が 1 年間課せ
られる。そのためそれぞれの要件を満たすための講習，研修の受講はハード
ルが高い。
　それでは社会福祉士は所属する職場以外での自己研鑽に消極的かという
と，そうでもない。「社会福祉士会主催の社会福祉関連の研修の有無」では
「受けた」が64.9%（**図 3 - 7**）であり，「職場及び社会福祉士会以外の主催
による社会福祉関連の研修受講の有無」は，71.1% が「受けた」となってい
る（**図 3 - 8**）。「自主的な勉強会・研究会等の受講の有無」についても
61.9% が「受けた」と答えている（**図 3 - 9**）。これらの研修，勉強会等は，
時間的にも短時間で行われ，また単発の実施であると考えられるため，参加
へのハードルも低いことが予想される。この結果からは，社会福祉士は必ず
しも自己研鑽の意識が低いというわけではなく，むしろ知識や技術を高める
機会へ可能な限り参加しようとする姿勢があるものとうかがえる。

図3−7　社会福祉士会主催の社会福
　　　　祉関連の研修受講の有無

図3−8　職場および社会福祉士会以
　　　　外の主催による社会福祉関
　　　　連の研修受講の有無

出典：図3-7, 8 ともに日本社会福祉士会 (2019)「現在の主たる就労先における就労形態」
　　　『ソーシャルワーク専門職である社会福祉士のソーシャルワーク機能の実態把握
　　　と課題分析に関する調査研究事業　報告書』32頁をもとに筆者作成。

図3−9　自主的な勉強会・研究会等の受講の有無

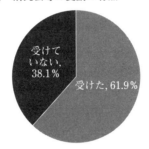

出典：日本社会福祉士会 (2019)「現在の主たる就労先における就労形態」『ソーシャル
　　　ワーク専門職である社会福祉士のソーシャルワーク機能の実態把握と課題分析に
　　　関する調査研究事業　報告書』33頁をもとに筆者作成。

　ソーシャルワーカーである社会福祉士は，実践においてソーシャルワーク
の機能を発揮できているのか，また，現実的にそれがかなわない背景にはど
のような要因があるのか，その点を同報告書ではインタビュー調査の結果を
もとに分析している。ソーシャルワークの機能として，日本社会福祉士会の
基礎研修テキストに分類されている14の項目（**表3−2**）を，ミクロ，メ
ゾ，マクロレベルに分け，それぞれの項目の促進要因と阻害要因についてイ

表3－2　ソーシャルワークの機能

ミクロレベル	側面的援助機能，代弁機能，直接支援機能，教育・指導機能，保護機能仲介機能，調停機能，ケア（ケース）マネジメント機能
メゾレベル	管理・運営機能，スーパービジョン機能，ネットワーキング(連携)機能
マクロレベル	代弁・社会改革機能，組織化機能，調査・計画機能

出典：日本社会福祉士会（2019）「現在の主たる就労先における就労形態」『ソーシャルワーク専門職である社会福祉士のソーシャルワーク機能の実態把握と課題分析に関する調査研究事業　報告書』36頁をもとに筆者作成。

ンタビュー調査をもとに明らかにしている。まずこの分類されたソーシャルワーク機能は，ミクロレベルが比較的実施されており，マクロレベルでは実施に必要な知識・技術，機会，実際の経験，いずれも低い割合を示している。

　このソーシャルワーク機能を実施する阻害要因について，個人的要因，組織要因，環境要因に分けられており，個人レベルは「時間がない」，「職場や立場による優先順位の違い」，「スキルの不足」等があげられている。組織要因は「求められる支援と業務範囲が一致していない」，「業務量が多い」，「人手不足」，「法人・組織の求めるものが異なる（価値観が異なる）」，「機能を果たすことが業務外である」，「所属組織の上司の理解がない」，「裁量権が与えられていない」等，多くが所属組織の業務や関係性が要因となっていると汲み取れる。環境要因は，「ケースワークに偏ったソーシャルワーカー教育」，「合併など国の施策の影響を受け，地域の組織間などでの課題や危機感を共有できない」，「法や制度に限界があり，支援者ではできないことがある（医療同意や契約行為など）」，「社会資源が不足している」，「相談対応者への差別や偏見」，「権利意識の低さ」があげられている。

　以上の結果から，社会福祉士を取り巻く環境による影響が，ソーシャルワーク機能を発揮するうえでの阻害要因になりうることがわかる。所属組織の業務量や価値観，裁量がソーシャルワーク機能の習得，発揮までをも阻害する要因になっており，また，法制度を含めた社会資源，差別，偏見などの意識の問題も関係している点に課題の深刻さがうかがえる。

2 社会福祉振興・試験センターの調査

（1）結果の概要

　2015年に社会福祉振興・試験センターが「社会福祉士及び介護福祉士登録者名簿」に登録された有資格者に対して，層化無作為抽出法による就労状況調査を実施している（社会福祉振興・試験センター　2016）。この調査は先の社会福祉士会の調査の対象が会員限定であったのに対し，会員外の社会福祉士も対象にしている点に違いがある。よって社会福祉士会に加入していない社会福祉士を含めた傾向が把握できると考えられる。

　調査期間は2015年11月12日〜12月13日であり，社会福祉士の調査対象者2万6000人中（有効調査数2万3484人），有効回答数9000人（回収率38.3%）であった。回答者は男性34.1%，女性65.7%であり，社会福祉士会会員への調査とほぼ同じ割合であった。就労分野も高齢者福祉関係が最も多く43.7%，法人種別は社会福祉協議会以外の社会福祉法人が35.6%と最多であり，この結果も社会福祉士会会員への調査結果と重なっていた。ただ，職種（役職）に関しては，「経営者」2.1%，「施設長・管理者」13.3%であり，合わせて15.4%と，社会福祉士会会員への調査結果が「管理職（管理職手当てがある）または経営者」31%であった点と比較すると若干少ない。そうすると収入が低くなることも予想されたが，平均年収は377万円であり，社会福祉士会の調査結果（図3－2）とそれほど大きな差はないように見える。仕事の満足度を「満足」，「やや満足」，「普通」，「やや不満足」，「不満足」の5段階で尋ねており，「仕事の内容・やりがい」は満足度が高いものの，「賃金」に関しての満足度は低い傾向が見られた（図3－10，図3－11）。

　前節での調査結果は，賃金の満足度までは把握できなかったが，この調査結果とそれほど賃金に差がないことを考えると，やはり全体的には賃金に対する満足度は高いとはいえないと推察できる。ただし，全産業の一般労働者の賃金（厚生労働省　2019）を見ると，平成27年度（2015）の平均賃金が304万円であり，社会福祉士の調査結果のほうが高い。また，男女間の格差につ

図3－10　現在の仕事の満足度「仕事の　　図3－11　現在の仕事の満足度「賃金」
　　　　　 内容・やりがい」

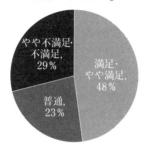

出典：図3-10, 11ともに社会福祉振興・試験センター（2016）『社会福祉士・介護福祉士
　　　就労状況調査結果の実施概要』15頁をもとに筆者作成。

いても，全産業では平成27年の男性平均賃金335万1000円を100とすると，女
性の平均賃金242万円は72.2であるのに対し，社会福祉士では男性平均年収
439万円に，女性の平均賃金339万円は77.2となり，わずかながら格差は少な
い。社会福祉士の調査では，回答者のおよそ7割が女性を占めていることか
ら，全産業の中では女性の賃金が比較的高い仕事ということもできる。

　しかしこの結果から女性が働きやすい職場が整備されているとの評価を下
すのは難しい。だいいち男女間に賃金格差が存在していることそのものを問
題とする視点が必要である。これは社会福祉士に限ったことではないが，女
性が6割を占めている社会福祉士において，マジョリティであるはずの女性
が低い賃金で働く現実は倫理的にも問題であり，福祉専門職としての仕事の
魅力を低下させる。ましてや仕事内容ややりがいの満足度が高いからといっ
て看過できるものではない。次節ではこの点をさらに踏み込んで，社会福祉
士としての仕事を継続できない理由について見ていくことにする。

（2）　社会福祉士として仕事が継続できない理由

　社会福祉振興・試験センターの調査では，福祉分野以外で就労している社
会福祉士についても調査を行っている。この結果では，正規職員63%，非正
規職員（常勤）11%，非正規職員（パート等）21.1%，派遣社員1.7%であっ

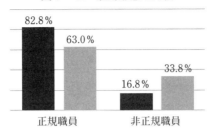

図 3 － 12　雇用形態の比較

82.8%
63.0%
33.8%
16.8%

正規職員　　　　　　　非正規職員

■ 福祉分野で就労している社会福祉士
■ 福祉分野以外で就労している社会福祉士

出典：社会福祉振興・試験センター（2016）『社会福祉士・介護福祉士就労状況調査結果の実施概要』6，17頁をもとに筆者作成。

た。福祉分野で就労している社会福祉士の結果では，82.8％が正規職員であったことと比較すると，福祉分野以外で就労している社会福祉士は非正規職員での雇用形態が比較的多く見られる（図3－12）。この結果をふまえて平均年収を見てみる。すると全体の平均年収は福祉分野以外で就労する社会福祉士が364万円であり，福祉分野で就労する社会福祉士377万円よりも低い。しかし，男性に限ってみると，福祉分野以外で就労する社会福祉士が449万円で，福祉分野で就労する社会福祉士439万円よりも高くなっている。さらに正規職員の年収も福祉分野以外は465万円，福祉分野では411万円である。一方女性の平均年収は福祉分野以外の社会福祉士では320万円，福祉分野の社会福祉士は339万円である。なおかつ非正規職員（常勤）の平均年収も，福祉分野以外では260万円，福祉分野は286万円となっている。これらの結果を整理すると，以下のようになる。

・全体の平均年収は福祉分野で就労する社会福祉士のほうが高い
・男性の平均年収は福祉分野以外で就労する社会福祉士のほうが高い
・正規職員の平均年収は福祉分野以外で就労する社会福祉士のほうが高い
・非正規職員の平均年収は福祉分野で就労する社会福祉士のほうが高い
・女性の平均年収は社会福祉士のほうが高い

　女性が多くを占める社会福祉士は，福祉分野で就労する場合には確かに女

性の平均賃金が高くなっている。しかし非正規職員の賃金が高いことも合わせると，福祉分野は非正規でなおかつ低い賃金で雇用できる女性の仕事にとどめておく傾向が強い職域と捉えることもできる。男性の賃金が福祉職以外での就労よりも低く抑えられているのがその証左であろう。

　それでは女性の働く環境としての福祉職はどうなのであろうか。「現在仕事をしていない社会福祉士」に「仕事をしていない理由」で最も多くあがったのは，「出産・子育て」43.8％である。また，「現在福祉分野の仕事をしていないが，過去にその分野の仕事をしたことがある社会福祉士」が，「過去働いていた職場を辞めた理由」で最も多くあがったのも「出産・育児と両立できない」22.6％である。さらに「現在の職場として福祉分野を選択しなかった理由」では「仕事と家庭の両立が難しそうだった」30.9％で最多であった。現代では徐々に男性の育休取得率が高まってきているとはいえ，まだ多くの場合，子育てや家事を女性が担っている日本社会で，育児や家事と両立できない環境で仕事を継続するのは不可能といえる。他の分野よりも給与水準が若干高いとしても，継続できない仕事では意味がない。ましてや男性正規職員の給与水準が低く抑えられている構造は，男性にとっても専門職として待遇面で正当に評価された職種というには疑問が残る。これが社会福祉士の仕事環境を取り巻く現状である。

　これらの調査結果はあくまで全国の社会福祉士を対象としている。次に筆者が独自に調査した宮崎県社会福祉士会会員へのアンケート結果をもとに考察を行う。

3　宮崎県社会福祉士会会員への調査結果

　平成30年（2018年）の賃金構造基本統計調査の結果（厚生労働省　2018）では，宮崎県の年間平均賃金は235万1000円であった。これは全国平均306万2000円を71万1000円下回っており，同年の各都道府県の値と比較しても最下位である。このように県民所得が最も低い地方の一つである宮崎県において，社会福祉士の就労実態はどのようになっているのかを2016年に宮崎県社会福祉士会の会員を対象に実施した調査結果をもとに分析する。

（1）　研究方法

調査実施期間：2016年10月7日〜11月25日
調査対象：宮崎県社会福祉士会会員482名（2016年当時）
調査方法：郵送調査（自記式質問紙調査）
調査項目：基本属性，職域，職種，優遇措置の有無，収入，今後に期待す
　　　　　ること等
回収率：56.4%（272/482）
分析：Microsoft Excel を使用して単純集計，クロス集計，カイ二乗検定等
　　　を実施した。また，自由記述については，質的データとして扱い，
　　　文脈の意味を明らかにするため質的データ分析（佐藤　2013）の手
　　　法を用いた。具体的な手順としては，記述の中からそれ以上分割で
　　　きない意味の単位に分け，さらに関連性が強いものをまとめてその
　　　内容を表す概念を生成した。それらをカテゴリー化して分類した。

（2）　倫理的配慮

　この研究は，日本社会福祉学会の研究倫理指針を遵守し，さらに所属大学
倫理委員会の承認を受けた。質問紙を郵送する回答者には依頼文を添付し，
研究目的，調査方法に加え，統計処理を行うため個人が特定されないこと，
協力は任意であり，回答の有無にかかわらず一切不利益を被らないことなど
を記載した。また質問紙の回答をもって同意を得たものとすることを明記し
た。

（3）　調査結果（量的分析）

①回答者の基本属性
　回答者272人中，男性134人（49.3%），女性136人（50%），無回答2人（0.7%）
であった（図3−13）。全国の調査結果と比較すると，男性の割合が高い。
　回答者の年齢は40代が最も多く86人（31.6%），続いて30代74人（27.2%），
50代59人（21.7%）となった（図3−14）。
　仕事の領域は，高齢者福祉関係が114人（41.9%）と4割を占めており，障

害児・者福祉関係が50人（18.4%），社会福祉協議会30人（11%）と続く（図3－15）。

　職種は相談員が最も多く111人（40.8%）となっている（図3－16）。また所属法人は社会福祉法人が145人（53.3%），医療法人，民間企業がともに31人（11.4%）となった（図3－17）。また，現在の職場に所属している年数は10年以上が最多で103人（37.9%），5年以上10年未満54人（19.9%），1年以上3年未満47人（17.3%）となっており，比較的長く現職場に所属していることになる（図3－18）。

　社会福祉士のほかに保有している資格を見ると，最も多いのは介護支援専門員で148人（54.4%）と実に半数以上が保有していることがわかった。続いて介護福祉士79人（29.1%），精神保健福祉士51人（18.8%）となった。ただし，これらの資格保有者は，その資格の職能団体に加入している場合，社会福祉士会には加入していないことも考えられるため，複数資格の保有者は実際には今回の結果よりも多いことが予想される（図3－19）。

　②回答者の待遇
　次に待遇面についての結果を見ていく。まず雇用形態は，223人（82%）が正規職員であり，非正規職員は常勤22人（8.1%），パート8人（2.9%）と合わせても30人（11%）である（図3－20）。よって多くが正規職員として働いているといえる。また，社会福祉士であることによる優遇措置が取られているかを確認したところ，「あり」140人（51.5%）と半数を超えた（図3－21）。また，その優遇措置の内容は，「資格手当」が最も多く103人，次に資格を取得するための研修，スクーリング等の受講の助成，資格取得の奨励金，資格登録手数料の助成など「資格取得の助成金」が35人，基本給のベースアップなど「給与ベースアップ」が23人であった（図3－22）。なお，この資格手当は，最小値が月額2000円，最大値が月額3万円，平均値は月額1万5230円であった。

　年収の比率を見ると，最も多いのは「300万円以上400万円未満」で29.8%とおよそ3割を占める。その他200万円以上300万円未満が23.5%，500万円以上が18.4%と続いた（図3－23）。

図3－13　宮崎県社会福祉士会　回答者性別

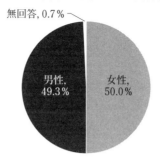

無回答, 0.7%

男性, 49.3%

女性, 50.0%

出典：筆者作成。

図3－14　回答者の年齢

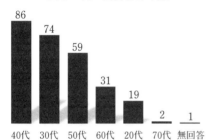

40代	30代	50代	60代	20代	70代	無回答
86	74	59	31	19	2	1

図3－15　仕事の領域

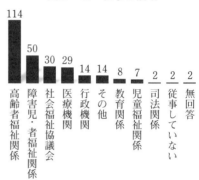

高齢者福祉関係	障害児・者福祉関係	社会福祉協議会	医療機関	行政機関	その他	教育関係	児童福祉関係	司法関係	従事していない	無回答
114	50	30	29	14	14	8	7	2	2	2

図3－16　職種

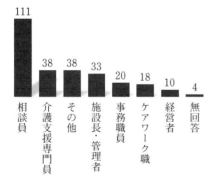

相談員	介護支援専門員	その他	施設長・管理者	事務職員	ケアワーク職	経営者	無回答
111	38	38	33	20	18	10	4

図3－17　所属法人

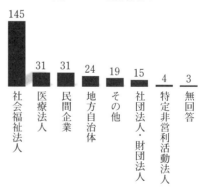

社会福祉法人	医療法人	民間企業	地方自治体	その他	社団法人・財団法人	特定非営利活動法人	無回答
145	31	31	24	19	15	4	3

出典：図3-13〜17筆者作成。

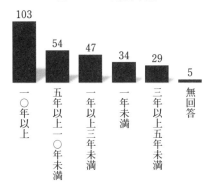

図3－18　所属年数

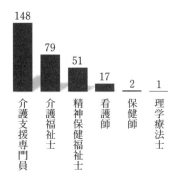

図3－19　保有資格

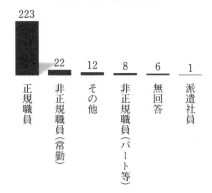

図3－20　雇用形態

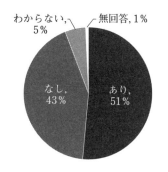

図3－21　資格取得による優遇措置

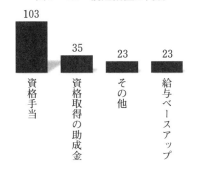

図3－22　優遇措置の内容

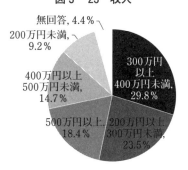

図3－23　収入

出典：図3-18～23筆者作成。

収入に関しては全国のデータと比較すると,「300万円～400万円未満」が最も多い割合を占めている点で共通している。ただ,宮崎県の場合は,2番目に「200万円以上300万円未満」が続き(全国では3番目),全国のデータで2番目に多い「400万円～500万円未満」は,宮崎県で4番目であった。ただし,「500万円以上」が3番目にあることから,実質400万円以上の収入の割合は全国のデータと比較してそれほど変わらないと思われることから,収入からは全国のデータと大きな差は見られない。

③男女の比較

　宮崎県社会福祉士会会員への調査結果は,男性,女性の回答者比率がほぼ等しかった。そこでここからは男性,女性の回答に差があるのかを確認する。

　まず,雇用形態であるが,男性,女性ともに正規職員が多数を占めているが,非正規職員の割合は女性が有意に高い($p < 0.05$)(図3－24)。

　また,職種に関しても,「経営者」,「施設長・管理者」は男性のほうが女性よりも有意に割合が高く($p < 0.01$),女性は男性に比べて介護支援専門員[8]が有意に高い($p < 0.05$)(図3－25)。年収は,「200万円未満」,「200万円以上300万円未満」の割合は女性のほうが男性よりも有意に高く($p < 0.05$),「500万円以上」では男性が女性よりも有意に高くなっている($p < 0.01$)ことが示された(図3－26)。

　この比較からわかるのは,まず職種について,女性は圧倒的に「経営者」や「施設長・管理者」といった管理職が少ないという点である。管理職の年収が他と比較して高いことを考えると,女性が男性に比べて年収が少ないのは管理職が少ない点と関連があるといえる。実際,「経営者」,「施設長・管理者」の収入は「500万円以上」が有意に高い($p < 0.05$)ことがわかっている。よって,「経営者」,「施設長・管理者」の割合が低い女性は,収入も低く抑えられる傾向にある。

　それぞれの職種ごとに年収を見ると,300万円以下の割合が高い職種は「相談職」,「ケアワーク職」,「介護支援専門員」であり,女性の職種の中で割合が高いものであった。つまり,社会福祉士として働く女性が多く就く職種は,年収が低く設定されているとみることもできる。ただし,介護支援専

図3−24　男女の雇用形態の比較

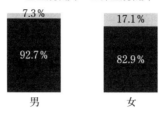

■ 正規職員　■ 非正規職員

図3−25　男女の職種の比較

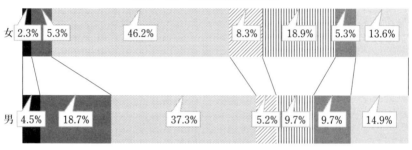

■経営者　■施設長・管理者　□相談職　▨ケアワーク職
▥介護支援専門員　■事務職員　□その他

門員については，「400万円以上500万円未満」の割合が45.9%と比較的多く
の割合を占めている。女性の場合，年収を増やす限られた選択肢の一つが
「介護支援専門員」の取得となっていると思われる（図3−27）。

　さらに男性，女性の勤務年数と収入を比較してみると，勤務年数10年以上
の男性の場合，500万円以上の年収を得ているケースが53%にのぼる。一
方，女性の場合は勤務年数が10年以上であっても，300万円以上400万円未満
が43%で最も多くを占め，500万円以上だと11%である。女性の場合，200
万円以上300万円以下の割合が16%を占め，男性と比較しても有意に多く（P
<0.05），500万円以上の割合は女性のほうが有意に少ない（P<0.001）。つま
り女性の社会福祉士は勤務年数が長くても，その分年収が多いとはいえない

86

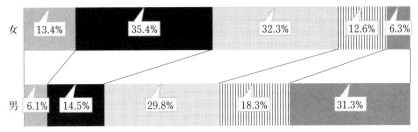

図 3 ー26 男女の年収の比較

女 13.4% 35.4% 32.3% 12.6% 6.3%

男 6.1% 14.5% 29.8% 18.3% 31.3%

□200万円未満 ■200万円以上300万円以下 ▨300万円以上400万円以下
▥400万円以上500万円未満 ▨500万円以上

図 3 ー27　職種ごとの年収

その他　　　　　17.6%　　　20.6%　　　　26.5%　　　　17.6%　　　17.6%
事務職員 5.0% 10.0%　15.0%　　　　　35.0%　　　　　35.0%
介護支援専門員 16.2%　　21.6%　　　　45.9%　　　　10.8% 5.4%
ケアワーク職 11.1%　　　33.3%　　　　38.9%　　　　16.7%
相談職 6.5%　　　36.4%　　　　35.5%　　　13.1%　8.4%
施設長・管理者 3.1% 3.1% 12.5%　18.8%　　　　62.5%
経営者　　10.0%　　　30.0%　　　　　60.0%

□200万円未満 ■200万円以上300万円以下 ▨300万円以上400万円以下
▥400万円以上500万円未満 ■500万円以上

出典：図 3 -24〜27, 筆者作成。

状況にあると想像できる (**図 3 ー28, 29**)。

　ここまでの結果から, 宮崎県の社会福祉士の就労実態の特徴を箇条書きで示すと, 以下のようになる。

　・基本属性 (所属, 雇用形態, 分野, 保有資格) は全国調査と同じ傾向である
　　る
　・年収に関して全国と大きな差はない
　・優遇措置がある割合が高い
　・管理職は収入が高く, 女性が管理職に就く割合は低い
　・女性の収入は男性に比較すると低い

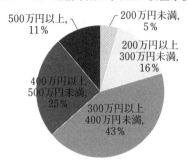

図 3 −28　勤務年数10年以上の男性年収　　図 3 −29　勤務年数10年以上の女性年収

出典：図 3 -28, 29ともに筆者作成。

・非正規の割合は女性のほうが高い
・女性の割合が高い職種（相談職，ケアワーク職，介護支援専門員）は，300万円以下の年収の割合が高い
・介護支援専門員は400万円以上の収入の割合が高く，女性が就く割合も高い
・勤務年数が長い男性は年収も多いが，女性は勤務年数が長くても男性ほど年収は多くならない

（4）　社会福祉士に求められる取り組み（質的分析）

　質問紙には，今後社会福祉士は社会的評価を向上させていくために何が必要かを，自由記述欄を設けて回答を求めた。この回答内容について，質的分析を試みた。具体的な分析手法は，質的データ分析（佐藤　2013）を用いた。佐藤はこの分析法について，「多様な文脈に埋め込まれた意味の解釈と分析」と説明しており，自由記述欄に込められた回答の意味するものを確認できると考えた。手順としては，それ以上分割できない意味の単位に分け，関連性が強いものをまとめてその内容を表す概念を生成して，それらをサブカテゴリーとした。さらにサブカテゴリーを大きく【社会福祉士への問題意識・課題】と，【現状打破策】の二つに分け，それらをカテゴリーとした。以下からサブカテゴリーを『　』，自由記述欄の引用を「　」で表記する。

①【社会福祉士への問題意識や課題】

　多くみられた問題意識・課題の内容は，『低認知度・低評価』に関係する記述であった。「認知度が低くどのような仕事をする人なのかわからない」，「名称独占では社会的評価は上がらない」，「いまだあいまいな立場であり，社会的に認知度が低い」などがみられた。冒頭でも述べたが，多様な職場に身を置く社会福祉士が最も多く指摘されるのが「何をする人かわからない」であろう。今回の調査結果からも社会福祉士自身が痛感していると読み取れる。

　この課題と関連して『不明瞭な専門性』も多くあげられている。「社会福祉士でなければできない仕事が少ない」，「看護師は説明しなくても仕事の内容が理解できるのに，社会福祉士は何をする人なのか，何ができるのか，質問されてもなかなか説明できないのではないか」，「独占業務がないので専門性がわかりづらい」などである。ほかには『自己研鑽の障壁』として，「ソーシャルワークや相談対応の技術を身につける機会がなければ信頼性は高まらない」，「専門性を高めることだと思うが社会福祉士研修会等に自分自身時間をさけない」など，先述のアンケート調査でもみられたような課題があげられていた（表3－3）。

②問題や課題への【現状打破】

　これまであげられた問題意識や課題に対して，それを改善していくために必要なことについて言及された内容を【現状打破】として整理した。これらの内容は，個人的な取り組みや，地域の社会資源や社会福祉士会といった組織・団体で取り組むべきもの，社会全体での共有が必要なものまで含まれていた。よって，個人的な取り組みをミクロレベル，地域の社会資源，組織・団体をメゾレベル，社会全体の共有が必要なものをマクロレベルとして分類した。以下から，それぞれのレベルのカテゴリーを確認する（表3－4）。

　まず，ミクロレベルとして，「どの分野にも関わるマルチな知識や技術の習得」，「ネットワークを広げる，面談の技術やコーディネートする力を身につけたい」，「包括的な関わりができるように，クライエントの生活そのものを捉える視点を磨く」などを『自己研鑽』とした。その他のサブカテゴリー

表3－3 【社会福祉士への問題意識・課題】

カテゴリー	サブカテゴリー	内容
【社会福祉士への問題意識・課題】	『低認知度・低評価』	「まだまだ認知度が低くどのような仕事をする人なのかわからない人が多い」
		「名称独占では社会的評価はあがらない」
		「1つの団体や会社に同じ資格の人が少なく，介護をしたり事務をしたりと違った仕事をしているので社会に評価されにくい」
		「社会福祉士然り，介護支援専門員然り，我が国は相談援助に対して基本的に評価が低い」
		「業務独占の職務が少なく，他の職種で代替えできることが多いため評価されづらい」
		「資格取得しても即戦力とならない状況なので，ある程度のスキルがないと他職種，異業種に馬鹿にされてしまう」
		「未だ曖昧な立場であり，社会的に認知度が低い。」
		「地域包括支援センターでの社会福祉士の活躍があまり聞かれない」
		「福祉以外の職場においては，社会福祉士と社会福祉主事の違いをなかなか分かってもらえない」
	『不明瞭な専門性』	「社会福祉士でなければできない仕事が少ない」
		「看護師は説明しなくても仕事の内容が理解できるのに，社会福祉士は何をする人なのか，何ができるのか，質問されてもなかなか説明できないのではないか」
		「社会福祉士の専門性が十分に活かされ切れていない分野もあるのではないか」
		「資格の活かし方は社会に出てすぐには難しいので，入った会社などによって他の仕事をすることが社会福祉士だと思ってしまう」
		「資格を取るために学ぶことは，概念的なことや知識的なことだけなので，社会福祉士を持っているだけでは即戦力にはならない」
		「独占業務がないので専門性がわかりづらい」
	『低待遇への不満』	「社会福祉士を含めたソーシャルワーカーの任用は広がっているが，非常勤等が多く処遇面はあまりよくない」
		「現在の職場では法人内に5つの施設がある。働いている施設で上司が全く福祉の国家資格を取得しておらず意欲もない」
		「様々な分野に配置されるようになってきてはいるが，その配置によって得られる加算が少ないように感じる」
	『自己研鑽の障壁』	「どのような取り組みが社会的評価向上のために必要なのかわからない」
		「ソーシャルワークや相談対応の技術を身につける機会がなければ信頼性は高まらない」
		「専門性を高めることだと思うが社会福祉士研修会等に自分自身時間をさけない」

出典：筆者作成。

表3－4　【現状打破】ミクロレベル

カテゴリー	サブカテ ゴリー	内容
【現状打破】	『自己研鑽』	「どの分野にも関わるマルチな知識や技術の習得」
		「ネットワークを広げる，面談の技術やコーディネートする力を身につけたい」
		「包括的な関わりができるように，クライエントの生活そのものをとらえる視点を磨く」
		「スキルアップを図り，専門性を高めながら社会に認知してもらう」
		「知識を深め，専門性を高める」
		「福祉の現場での実践力の向上」
		「認定社会福祉士などの研修を経て，各々が従事する業務の実践を残すよう努める」
		「評価されるためには専門職としての質の担保が不可欠」
		「自己研鑽し，資質の向上を目指す」
		「自身のスキルアップ」
	『理解促進 活動』	「各地域，職場でのリーダーシップの発揮」
		「私自身，社会福祉士として社会貢献できる取り組みが何かできないかと考えている」
		「社会的に関心が高まっている事柄に積極的に参加していく」
		「社会福祉士が何の仕事をしている人なのかわかってもらえないため，まずは事業所への理解が必要」
		「個人がよりいっそう専門性を高め，社会福祉士としての活動を周知していく」
		「社会福祉士の取り組みをわかりやすく言語で説明できるようになる」
		「どんな職種であれ，ジェネラリストとして広い視野を持ち，利用者・対象者・地域住民，様々な人に対して福祉についての広報・アドバイスなどを行っていくよう意識している」
		「皆さんの幅広い実践活動を知る機会に参加させて頂きながら，ネットワークづくりを増やしいていきたい」
	『心がけ』	「社会福祉士である前に魅力のある人間でありたい」
		「社会福祉士ですと語るように心がけたい」
		「学生時代から社会福祉士とは？ということを考えてほしい」

出典：筆者作成。

として『理解促進活動』には，「社会的に関心が高まっている事柄に積極的に参加していく」，「社会福祉士が何の仕事をしている人なのかわかってもらえないため，まずは事業所への理解が必要」，「社会福祉士の取り組みをわかりやすく言語で説明できるようになる」などを分類した。少数ではあるが，「社会福祉士である前に魅力ある人間でありたい」，「社会福祉士ですと語るように心がけたい」，「学生時代から社会福祉士とは？　ということを考えてほしい」といった『心がけ』に関するものもみられた。

　次にメゾレベルであるが，社会福祉士会についての内容が多くを占めた。特に『社会福祉士会としての活動促進』，『社会福祉士会会員への支援』，『社会福祉士会の基盤強化』には，それぞれ会としての活動がどうあるべきか，また，会員には普段の実践を後押しする支援の必要性，それを実施できる体制の強化について記載されていた。『社会福祉士会としての活動促進』には，組織だからこそできる「政策提言などのソーシャルアクション」や，「議員を推薦する」といったことも含まれていた。一方，社会福祉士会の会員への支援についての要望も多く，「社会福祉士一人一人が安心して働けるバックアップ体制」，「転職，スキルアップの助言・指導ができる組織」など，就労についての支援を求める声も見られている。そのような活動ができるために，社会福祉士会の基盤を強化すべく，「会員数を増やす」ことが必要であり，その会員にも「専門性のある人を増やし組織力を高める」ことが求められていた。会員数の増には「加入した際のメリットを明確にするなどして，非会員の加入を促進する」などの取り組みが欠かせない（表3－5）。

　次に最も規模の大きいマクロレベルであるが，このカテゴリーにも『理解促進活動』のサブカテゴリーに含まれる内容がみられ，「広報媒体やメディアによって一定のキャンペーンを打つ」，「小説・ドラマ・漫画を通してPRする」，「福祉全般のイメージを高める必要がある」など，より幅広い周知の方法が考えられていた。社会福祉士が関わる分野は拡大しているが，よりいっそう『活躍するフィールドの拡大』を図るために「独立型社会福祉士を増やしコンサルタントとして位置づけられる社会福祉士が増えること」を望む声や，「地域づくりが重要視されるので，コミュニティワークができる人材育成を進めていくべき」といったケースワークに偏りがちな現状に対する

課題も取り上げられていた（**表3－6**）。

　何より望まれることとしては『業務独占化』の達成である。「業務独占の分野を勝ち取ること」,「業務独占がいちばんだと考える」,「社会的に信頼され,業務独占となること」など,業務独占への希望や期待が最も多くみられた。関連して,「社会福祉士必置の機関が増えること」,「必置義務あるいは業務独占的な職種の配置基準を定めるような政策提言を行うべき」など,『社会福祉士配置義務化』もある。『業務独占化』,『社会福祉士配置義務化』とも社会福祉士の地位の確立という点では共通しているカテゴリーとみることもできる。

（5）　**考察**

①量的調査結果について

　宮崎県社会福祉士会への調査結果をみると,全国的な調査結果と大きな差はないことがわかる。職種やその役割,年収といった内容は特に違いはない。しいていえば,資格保有者の優遇措置に関して宮崎県は全国的にみても積極的にとられているといえる。社会福祉士を取得して働く場合,職場の種類,求人数は都市部と地方で違いがあると予想されるが,待遇面では平均的な水準といえる。これは宮崎県の県民所得が全国的にみて低水準であることを考えると,社会福祉士を保有して働く場合のほうが待遇面で有利であるといえる。

　ただし,男女別の待遇については看過できない差があることが確認された。単純に年収を比較するだけでも女性は男性よりも少ないが,職種をみても管理職として働く男性社会福祉士が一定以上いるのに対し,女性の中に占める割合はわずかであった。それが低い収入に影響していると考えられる。全国的な調査では,育児や家事と両立が困難であることが社会福祉士としての就労継続を妨げる要因になっていた。それは女性が長く働き続けることを困難にしている要因でもある。長くその職場に留まれなければ昇給のチャンスは減少する。しかし,宮崎県社会福祉士会を対象にした調査では,女性に限ってみれば勤務年数が長いからといって収入が多くなっているわけではない状況が確認された。男性の場合は勤務年数が長ければ年収も500万円以上

表3-5 【現状打破】メゾレベル

カテゴリー	サブカテゴリー	内容
【現状打破】	『理解促進活動』	「調査・研修の成果，結果を発表する機会を増やし知名度を上げる必要がある」
		「調査・研究活動の推進」
		「社会福祉士の認知を一般の方に知ってもらうための活動」
		「社会福祉士の実践がわかるような活動」
		「イベント実施などによる認知度の向上」
		「県市町村の各協議会に積極的に参加」
		「身近な居住地周辺での実践活動」
		「地域の行事への積極的な参加」
		「地域での活動がいろいろできると良い（地域の中でのつながりを作るコーディネーター役，災害時に福祉職としての支援など）」
		「地域での困りごとや，困難支援者に対する支援や地域活動にもっと積極的な関わりが必要」
		「ソーシャルワーカーが社会問題を解決する方法として有効であることをアピールすることが必要」
	『他機関・他職種と連携』	「地域での福祉推進委員や民生委員とのコラボレーション」
		「事業所側へ資格取得・研修受講の働きかけ」
		「現場でも信頼される仕事をするSWのネットワークが形成されると良い」
		「社会福祉士にしかできない業務を増やしていくべきだが，現在も行われ始めている他職種間の連携により，社会福祉士の専門性を活かして周知していく」
		「福祉専門職以外の異業種との連携ができて，相談を受けてもそれぞれの分野に協力者がいる体制であること」
		「たくさんの専門職や地域の住民と連携していけるような活動を創ってほしい」
		「組織として他職種協議会に積極的に参加」
		「個々の自助努力とともに，ネットワークの強化」
		「産・官・学の連携と連帯。例えば，建築学科の大学教授とか普段，普通に接しているか。宮崎にはいない。でも他の都市には発言権を持った方がたくさんいる。連帯感が大切」
	『社会福祉士会としての活動促進』	「活動の見える化だけでなく，政策につながるような提言や，制度にない仕組みや役割を担える存在」
		「社会福祉士会として，施策提言などのソーシャルアクションを積極的に行う」
		「社会福祉士会の存在をPRし施策に反映していく」
		「会員数を増やし，ソーシャルアクションを行う」

【現状打破】	『社会福祉士会としての活動促進』	「相談支援業務や成年後見活動」
		「社会福祉士会が社会にインパクトを与える職能団体になれるようさらなる積極的な活動」
		「福祉に関する電話相談」
		「団体としての行動，取り組み」
		「議員を推薦するのもありなのでは？」
		「各会への社会福祉士会からの側面的支持」
		「社会福祉士会が，社会福祉士一人一人が安心して働けるようなバックアップ体制を作る」
		「社会資源の一つとして頼れる団体になること（事務に会員が複数人常駐して相談や事業が行える体制）」
		「転職，スキルアップの指導・助言ができる組織となる」
		「成年後見人として活動しやすくする体制づくり」
		「社会福祉士は名誉職ではないため，自分を振り返る場を社会福祉士会で設けてほしい」
		「地域の福祉向上のための人材育成」
		「研修会の開催もですが，スーパービジョンの体制の充実をお願いします」
		「さらに専門性を高めることのできる研修会を多く開催する」
		「専門機関への働きかけや，他職種との情報交換，交流の場を設ける」
	『社会福祉士会の基盤強化』	「会員数を増やすことで評価されることにつながるのではないか」
		「伝える，ネットワーク，権利擁護のプロとしての集団になる」
		「専門性のある人を増やし組織力を高める」
		「会員一人一人の資質の向上を心がける」
		「加入率アップを図る」
		「会員数を増やす」
		「会員を増やし，魅力のある社会福祉士会にして，会員が活躍できるものにする」
		「社会福祉士会員の質の向上と，社会的評価の向上」
		「会員数の増加を図って，社会的に発言力のある職能団体をつくる」
		「社会福祉士会へ加入した際のメリットを明確にするなどして，非会員の加入を促進する」
		「県士会加入の組織率を上げ，専門性のある会員を増やす」

出典：筆者作成。

表3－6　【現状打破】マクロレベル

カテゴリー	サブカテゴリー	内容
【現状打破】	『理解促進活動』	「広報媒体やメディアによって一定のキャンペーンを打つ」
		「社会福祉士がどのような活動をしているのか具体的なイメージができるような小説・ドラマ・漫画を通してPRする」
		「社会福祉士の漠然とした専門性を誰もがわかりやすくしていくことが第一歩」
		「認知度が高められるような職域を作る」
		「福祉教育の枠で講師をするなど，高校生などを含めた学生に周知してもらう」
		「専門職として，調査・研究を世間に周知する」
		「生涯研修制度を活かして，認定社会福祉士のスペシャリストの存在が公表できるような仕組み」
		「福祉全般のイメージを高める必要がある」
		「福祉のおもしろさや，キャリア形成・自己成長につながる職種であることを納得してもらう必要がある」
	『活躍するフィールドの拡大』	「後見人等，法律でも認められた仕事に，多くの人が取り組むことができる環境が必要」
		「人が生活している場にどこでもいるお巡りさんや消防士，学校の先生などのように必要な人」
		「独立型社会福祉士を増やしコンサルタントとして位置づけられる社会福祉士が増えること」
		「各分野や未開拓の分野での実績が必要」
		「後見業務や虐待防止，受刑者更生など，社会福祉士が積極的に取り組んで実績を上げる」
		「これからは地域づくりが重要視されるので，コミュニティーワークができる人材育成を進めていくべき」
	『業務独占化』	「有名な議員を取り込んで業務独占できる仕事を増やす」
		「業務独占の分野を勝ち取ること」
		「業務独占とまではいかないが，社会福祉士でないといけないといった業務をもっと増やすべき」
		「専門性を高め，社会福祉士でなければできないといって業務が増えれば評価も高まる」
		「業務独占がいちばんだと考える」
		「業務独占および必置義務，または配置により点数が取れる等の法改正が求められる」
		「社会福祉士にしかできない業務の確立」
		「業務独占にする」
		「業務独占（社会福祉士の配置義務を設けていけるような働きかけ）」

【現状打破】	『業務独占化』	「業務独占である職種，職場が多くなること」
		「社会的に信頼され，業務独占となること」
		「難しい課題ではあるが，名称独占からの脱却が不可欠
		「地位向上には社会福祉士でないとできないと定められた仕事領域を確立することが重要」
		「名称独占から業務独占になると社会的評価も上がるのではないか」
		「現在，業務独占として働けるのは包括しかないため，今後，業務独占の仕事が増えていくことによって一般の方にも認知されると思う」
		「社会福祉士だけが就ける専門職をつくる」
		「『社会福祉士でなければできない』とか，『点数がつく』，『置くこと』等の職場が増えると良い」
	『社会福祉士配置義務化』	「社会福祉士必置の機関が増えること」
		「福祉・介護・医療現場に積極的に社会福祉士を配置する」
		「独占して業務を行うことが必要というよりも，配置の義務化，他の資格との差別化を明確的に行っていく」
		「社会福祉士の診療報酬上の位置づけを増やす」
		「包括支援センターや基幹相談支援センターのように必置義務あるいは業務独占的な職種の配置基準を定めるような政策提言を行うべき」
	『処遇改善』	「給与ベースを上げる」
		「相談業務を有料化し給料をあげる」
		「給与改善」
		「報酬等の水準をあげ，教職員の聖職と言われるような職業にする」
	『社会福祉士関連法の変革』	「個々の能力や適性に差があるように感じるため更新制にするべき」
		「法改正が必要。そうなると現場経験ありの方が減るため施策が必要」
		「政治的作用」
		「社会をサポートする役割と，提言し改革していく役割がある」
		「法改正を求める動きが必要」
		「発言力を高めるため，社会福祉士から政治家を出す」

出典：筆者作成。

が半数を超えており，おそらく管理職に昇進し，昇給してその分給与が上がったと推測できる。一方で女性の場合は長く働いても管理職になるケースは少なく，給与も一定以上は上がっていかないという現状がうかがえる。そこで女性の場合収入を増やす手段として，介護支援専門員の資格取得が選択されるというわけである。ただしこの場合でも300万円以上400万円未満の年収割合が相対的に高く，年収区分の中では決して高いとはいえない。

社会福祉士は女性の割合が高い資格である。そのため女性にとって不利な条件，待遇である就労環境は多くの社会福祉士とっても不利であるということになる。ソーシャルワークの価値には「社会正義」があり，前章で検討したアドボカシーにも「社会正義」は重要な価値理念として組み込まれている。アドボカシーを実践して権利擁護を達成するソーシャルワーカーが，自らの就労環境や待遇に不平等を抱えたままでは，真の権利擁護を実践するのは困難である。なぜなら自らの権利が守られていない状態で，他人の権利を守るというのは欺瞞であり，自らの権利侵害に対して敏感になれないのでは，「自分もこれだけ苦しいのだから，あなたも我慢して」という忍従が容易に解決策となるからである。これでは不平等はなくならないし，ソーシャルワークは不要となる。この点については本稿の主要なテーマである社会福祉士の権利擁護実践の展望に深く関わってくるため，章を変えてあらためて検討する。

　②質的調査結果（自由記述欄）について
　自由記述蘭に書かれた内容を質的データ分析の手法を用いてカテゴライズし，内容の傾向をみたが，問題意識・課題には低い認知度と不明瞭な専門性がより深刻に認識されていることが読み取れた。この２点については関連づけて考えることもできる。つまり，専門性が不明瞭であるがゆえに認知度が高まらないという具合である。このような課題の打開策として【現状打破】には，『理解促進活動』が欠かせないと感じる社会福祉士が多いことがわかった。この活動も個人レベルのミクロ，地域レベルのメゾ，制度・政策レベルのマクロに分類された。社会福祉士個人として活動を周知，広報することから，地域活動への積極的参加，メディア等を通じた広範囲な広報活動など，その方法は多岐にわたっていた。また，マクロレベルの政策として，『業務独占化』，『社会福祉士配置義務化』が望まれていた。これらは社会福祉士が国家資格となってから，長く望まれていることでもある。専門職と認識されている他の資格には，その資格を持っていないと行えない業務があり，ゆえに専門職として確立している印象を持つ。たとえば弁護士以外の者による，訴訟の弁護は非弁行為と呼ばれ，違法である。よって，裁判等での

弁護行為は弁護士の独占業務であり，専門的な業務として括られる。社会福祉士には現時点でそのような業務はない。これが社会福祉士の専門性を不明瞭にしている要因と考えられている。社会福祉士にも独占的な業務があれば専門職としてその地位を確立できるというのが，業務独占化への期待，願いとなっているのであろう。社会福祉士配置義務化も同様の理由から望まれていると考えられる。

　それでは，何を専門的な独占業務とするのか，その内容を具体的に示した記述はみられない。考えてみれば不思議であるが，業務独占が願いであるにもかかわらず，どのような業務を独占するのか，その内容についての言及がないのである。ある業務についてそれをソーシャルワーカーが独占するものとして法制化すれば，確かに業務独占となる。しかし，ただ単に他の職種を排除してソーシャルワーカーだけが担えるようにしたところで，独占化の意義は薄まる。本来は高い専門性を有しているからこそ，その業務を独占させなければ大きな危険性を伴う，あるいは利用する側を保護することにつながるといった目的があるように思われる。よって業務の独占化を要求するのであれば，社会福祉士の専門性が発揮され，利用者にとってのメリットが大きく，また，独占されない場合の利用者の損失も大きいことが示されなければならない。この手続きを経なければ業務独占化への要求は単なる独善的な自己主張の域を出ない。

　確かにソーシャルワーカーである社会福祉士は，その業務の専門性を目に見えるかたちで表しにくいといった課題がある。多くの実践が相談援助を基本としており，支援についても単発的で即効性があるというよりは長期的な観点から継続的に関わることで効果が現れてくるからである。さらに他の専門職や機関との連携がソーシャルワークの手段でもあるため，独占的な業務に馴染まない面もある。ただし，だからといってソーシャルワーカーでなくてもよいというわけではない。ソーシャルワークの価値や倫理，その方法，機能は必要性を拡大させている。ソーシャルワーカーが求められる分野が広がっているのがまさにその証左である。現に改正社会福祉法[9]には，引きこもりなど，これまでの制度政策が見落としていた狭間にある問題について「重層的支援体制整備事業」を新設して，ソーシャルワークを重視した対応

が盛り込まれた。これは改正案が審議される段階で与野党議員からソーシャルワークの必要性が叫ばれたことが影響している。着実にソーシャルワークの必要性はその認識を広げているのである。見えにくい実践ではあるかもしれないが、社会福祉士や精神保健福祉士の地道な実践が効果を上げている結果と評価できる。あとは決して見えやすいとはいえない専門性をいかにわかりやすく見せるかが問われてくる。それはひとえに専門性を伝達可能な言語で示す言語化にほかならない。

　③総合考察
　これまで宮崎県社会福祉士会会員への調査結果から、その就労実態と会員の意識を分析してきた。これらの分析から総合的な考察として2点指摘しておきたい。まず1点目は多くを占める女性社会福祉士の就労環境を男性と比較した場合、明らかに低い待遇に抑えられていることである。しかも、宮崎県の調査結果では就労年数を重ねても収入が男性ほど上がっておらず、関連して管理職にも就けていない現状が見られた。全国的な調査結果からは、社会福祉士として福祉現場で働くことができない要因に家事、育児との両立が最も多くあがっていた。これも女性にとって仕事を継続することが難しいという理由にほかならない。たとえ長く継続して就労したとしても収入に変化がないのであれば、なおさら仕事への意欲は高まらないだろう。女性割合が高い社会福祉士にとって、このような環境は労働者として働きやすい職場とはいえない。つまり労働者の権利が十分に守られているとは言い難いのである。これは仕事へのやりがい、充実感を語る以前の問題である。
　2点目は独占的な業務の確立を望む一方、その業務については、いまだあいまいなままであるということである。独占化について具体的な業務への言及がないというのは、そもそも業務独占化を望む背景に社会福祉士の社会的地位向上が第一の目的であるためと推測される。それが自らの安定した職の確保となり、待遇の改善につながるからである。社会福祉士の知名度を上げる周知方法は『理解促進活動』に多く見られたが、社会福祉士の『不明瞭な専門性』を克服するための方策は、自己研鑽による知識や技術の向上など個

人的でミクロレベルでの取り組みが多くを占めた。そして，この自己研鑽についても全国的な調査では，継続的な研修を受講する際に障壁が存在していることがわかった。所属組織の価値基準や，多忙な業務が自己研鑽の障壁となっているのである。このことから何がいえるのかというと，『業務独占化』を果たすために『あいまいな専門性』の克服を目指そうにも，現実問題，さまざまな障壁によって自己研鑽がかなわず，結果的に低待遇や不平等な就労環境を甘受しているということである。このような社会福祉士の実態について，次節では権利擁護の観点から論じてみたい。

Ⅲ　労働者の権利を守る社会福祉士

　前節の実態調査では，多くの社会福祉士が何らかの組織や団体に所属して業務を行っていることがわかった。そうすると多くの社会福祉士は同時に雇用されている労働者[10]でもある。社会福祉士が自らの労働環境，待遇を改善させるためには自己研鑽を積み，専門性を高め社会的地位を向上させることももちろん必要である。また，多くの社会福祉士にとってもそれは共有されている。しかし，労働者として自らの権利を守るという意識はどの程度浸透しているのであろうか。社会福祉士による労働の権利を要求する活発な取り組みは見られない。もっとも全産業に視野を広げても，現在の日本社会で労働運動が活性化されているとはいえない状況にある。本節では，社会福祉士が労働者であることを前提に，労働者としての権利を守る重要性について述べる。先述したが，まずもって自らの権利の正当な請求者の自覚なくして，他者の権利を擁護することはできないからである。

1　労働運動を取り巻く現状

　労働運動を主体となって行う労働組合数は減少傾向（前年比1.1％減）にあり，組合員数の全体数は雇用者の増加に伴い増加しているものの，組織率は16.7％で前年の17％から減少している。つまり，労働組合の減少に加え，その組合に加入している組合員の割合も減少傾向にあるということである。

よっていまや組合に入って活動する労働者は主流とはいえない[11]。

　なぜわが国の労働運動がこれほどまでに衰退したのか。日本の労働運動を歴史的に幅広く論じた木下武男は、戦後日本の労働運動を第1期から5期までに区切って特徴を示している。そしてどの時期においても一貫して労働運動の後退を見出した。その原因は、日本の労働組合が職種や職業を基盤とした組織ではなく、個別的な企業別組織であるという特殊性にあるとした（木下　2007）。一定の賃金、待遇の保障を求めて、個別企業ごとに要求しても、個別企業でしか反映されない。そうすると同一職種の中でも企業ごとに格差が生じるのは必然であり、また、それは要求が反映される企業とそうでない企業との分断を招くことになり、労働運動では不可欠な幅広い連帯が困難となる。同じ職種、同じ職業であればどの企業に所属しても一定の賃金、待遇が保障されなければその仕事に就く労働者の権利が守られているとはいえない。

　わが国の労働組合は産業ごとの組合ではなく、個別企業単位の組合が大勢を占めており、連帯した労働運動の展開によって広く労働者の権利を勝ち取った経験が乏しかったのである。また、熊沢によると企業を超えた賃金の標準化も、労働運動が達成できなかった事柄としてあげている。賃上げの要求は個別企業の支払い能力によって決定され、その結果1998年から正社員労働者の賃金は下がり続けている（熊沢　2015）。加えて、わが国ではストライキが極めて少ない現状も影響している。特に1970年代以降、減少傾向は加速しておりストライキによる労働損失日数を各国と比較するとその少なさが顕著であることがわかる（今野　2020）。問題なのは、ストライキの件数が多いほど、賃金上昇率が上がっているという事実である。つまりストライキは労働者の賃金上昇に貢献しており、それがほとんどなされていないわが国は、待遇改善には絶望的にならざるを得ない[12]。このような諦観の蔓延が多くの労働者を取り巻く現在の日本社会そのものである。以上、わが国の労働運動について簡単に現状を把握したが、社会福祉士と労働運動にどのような関係性があるのか、あるいはなぜ関係があるのかを次に論じる。

2　社会福祉士と労働ソーシャルワーク

　これまで何度も述べてきたが，社会福祉士はわが国のソーシャルワークの専門家である。労働運動と社会福祉士が重要な関係にあるというのは，ほかでもない労働者とソーシャルワークが密接に関連しているということでもある。ソーシャルワークの対象は，社会的に排除されるおそれのある人びとや，生活に困難を抱えた人びとであるが，その問題の多くに労働が関わっているのは何度も論じられてきた。実際，社会福祉本質論争では，資本主義経済体制維持のための譲歩として社会福祉が語られてきたが，この対象はまさに資本主義の構造的な要因によって出現する失業者，あるいは労働から排除された者であった。世界的にみてもソーシャルワークの起源は貧困問題であり，それは労働問題と直結している。正規，非正規に代表される労働環境，賃金格差，失業による排除，生存権が侵害されるレベルの社会保障や公的扶助がこれまで何度社会福祉の問題となってきたかを歴史は証明している。そうすると労働問題はソーシャルワークのメインテーマであるといっても言いすぎではないであろう。

　しかし一方で，労働者とソーシャルワークの関係性については，あまり取り上げられてこなかった。労働ソーシャルワークをそのまま著書名にした秋元樹（2019）は，日本のソーシャルワーカー養成機関が労働者を対象として取り上げない現状は，「社会福祉の前進に多くのマイナスを与えている」と危惧する。また，世界的には労働ソーシャルワークが定着していることにふれ，アメリカの労働組合とソーシャルワークとを比較して特徴の相違点を整理している。19世紀末から1930年代までの両者を「原型モデル」として，労働運動は当事者である底辺の労働者（主に男性）が連帯して集団の地位の向上を目指す利己的な運動であるのに対し，ソーシャルワークは上流階級である他者（主に女性）からの個人的で純粋な利他的サービスが起源で，個別ケースの解決がゴールであったとまとめられている。その後両者の特徴は産業化によって変化しており，近年のモデルでは労働組合とソーシャルワークの接近を指摘する。すなわち労働組合は官僚化と巨大化が進み，幹部は高額

所得者となり全体的に中流に寄る。ソーシャルワーク側は一部の上流階級による慈善事業ではなくなり，一般的な職業となることで中流化する。こうして労働組合とソーシャルワークは接近する。このような傾向は，双方が貧しい人びとを置き去りにしてしまうとの警笛を鳴らす。

　実際問題，現在の日本社会の労働環境には貧しさが蔓延している。その背景には不当な労働条件で働かされる多くの労働者が抱える生活の困難がある。そしてそれはソーシャルワーカーである社会福祉士も例外ではない。秋元は労働組合とソーシャルワークが近似した点と相違点とを精緻化したが，ここから先の展開は今後の課題とした。この課題克服に一つの方向性を示すならば，ソーシャルワーカーである社会福祉士の，労働者としての当事者性獲得であろう。それはまさに社会福祉士自身の権利擁護でもあり，権利擁護を必要とする人びとへの支援に最も効果的である。

　じつは「権利擁護」という言葉自体は社会福祉の分野で用いられる前から労働運動において多用されていた。論文検索サイトのCiNii（サイニー）で「権利擁護」をキーワードにして検索すると，労働者の権利についての論文が28本ヒットした（2020年6月現在）。たとえば，「労働者の権利擁護闘争」，「労働組合の権利擁護」などがまさにそれである。権利擁護がソーシャルワークの方法を用いるのであれば，労働運動にはソーシャルワークが不可欠であるということでもある。よってソーシャルワーカーにとって，労働問題は向き合うべき課題そのものと再確認できる。しかし，先述したようにわが国の労働運動は衰退しており，現時点で社会福祉士が労働運動に加担している様子はない。それはなぜか。自らの労働環境について決して十分に満たされているとはいえないはずだが，その改善策は自己研鑽や業務の独占化，資格の周知や普及であり，雇用主への要求ではない。社会福祉士に労働運動当事者としての意識を見出すのは難しい。そのため他者の労働問題から派生する生活上の困難に対して，その改善を要求するという運動に思いが至らないのは当然といえよう。

　もうひとつ考えられる理由は，社会福祉士の半数以上を女性が占めている現状である。労働運動を主導する労働組合の多くは男性組合員で構成されている。さらに活動，運動の中心を担う執行役員となると断然男性の割合が高

い。しかし，労働問題の多くは女性差別的な政策や慣行に起因しており，それがたとえばひとり親世帯の貧困，待機児童問題，児童虐待や DV にも波及していることはよく指摘されている。

　つまり，労働問題には女性差別が影響している場合が多いにもかかわらず，それを改善するはずの労働組合に女性の声を反映させる仕組みが少ない（井上　2018）という根本的な矛盾を孕んでいるということである[13]。女性による労働運動を牽引してきた先達は，雇用主だけではなく，労働組合内の男性たちと闘わなくてはならなかった。このような現状は女性を労働運動から遠ざけ，そもそも労働環境をよくしていくための主体となるイメージを持ちにくくさせる。

　社会福祉士も例外ではないだろう。現に女性割合が高い社会福祉士の労働環境は女性にとって不利であるにもかかわらず，その状態は放置されている。よって社会福祉士が労働者の当事者性を獲得するためには，その前提として男女平等の観点から労働環境を見直さなければならない。不当な男女格差を解消し，そのうえで全体の待遇改善を要求するという順序を踏む必要がある。

　ただし，この男女格差は女性が男性並みに働けばよいというような，「不当に厳しい条件」に合わせるのではない。女性差別撤廃条約批准の条件であった男女雇用機会均等法成立と引き換えに，女性の保護規定撤廃が盛り込まれたような流れ[14]を繰り返すのではなく，男女共に働きやすい環境の達成が目標なのである。

　ここが重要なポイントであるが，女性が差別された労働環境は男性にとっても働きやすい環境ではない。家事や育児を男性も公平に分担できる労働環境が整備されなければ，いつまでたっても女性に負担が押しつけられ，男性は際限のない残業等で健康を害し，また，いったん職場を失ってしまうと社会のどこにも居場所がないという状態に陥ってしまう。その成れの果ては年間 3 万人に迫る自殺者の大半を占める中年男性の割合である。

　繰り返しになるが，まずはソーシャルワーカーである社会福祉士が労働者としての自覚を持ち，労働環境改善のために正当な権利を行使することが権利侵害にある人びとを救う手立てにつながるのである。秋元は労働ソーシャ

ルワークを，失業などによる労働市場問題と，労働組合や企業内でのソーシャルワーク活動の2つの分野に分類できるとした。また具体的な活動内容には施策・政策の立案，組合員，従業員の組織化，ロビー活動をあげている（秋元　2019）。これらの活動を，ソーシャルワーカーと労働者の二面性を持った社会福祉士が中心的に担うのは何ら不思議ではない。社会福祉士が労働者として自らの権利擁護を意識し，同時にソーシャルワークを展開する，この2点が今後の社会福祉士の地位向上を図るうえで必要とされる。それは何より，社会福祉士が権利の侵害や剥奪に直面した「他者」の，権利擁護のためのソーシャルワーク実践を支える基盤となるからである。

注）
1）　国際的にもソーシャルワークの構成要素は「価値・知識・技術・理論・実践」が共通認識として普及している。しかし，わが国の社会福祉学研究が，長く価値をその対象にしていなかったとの指摘もある（秋山　2007）。その背景には社会福祉学が「価値」を論じるならば，社会科学としての「客観性」が妨げられるとの主張に代表される「社会科学と価値判断排除」の理論がある。

2）　日本医療社会事業協会は，「医療社会福祉士」構想を1960年代後半にはすでに固めており，1970年代には「医療福祉職制度化運動」を展開している。その際に参議院社会労働委員会に対して行った請願によって，医療ソーシャルワーカーの資格化，病院への配置基準の制度化が歴史上初めて採択された（秋山　2007）。しかし，医療ソーシャルワーカーは医療専門職か，福祉専門職かで論争が続き，独自の専門資格化は見送られた。社会福祉士の実務経験を認める「指定施設」に病院や診療所が規定されたのが，1998年であり，また，社会福祉士の養成課程において病院，診療所，介護老人保健施設が「実習施設」として加えられたのが2006年ある。このことから医療ソーシャルワーカーは実質社会福祉士が就くことが想定されているといえる。

3）　WHO が定めた国際生活機能分類（International Classification of Functioning, Disability and Health : ICF）の大項目である「環境因子」に，サービス・制度・政策が「社会的環境」として分類されている（上田　2005）。

4）　各テキストについて，中央法規は2019年発行の第4版，ミネルヴァ書房は2016年4月発行の初版，全国社会福祉協議会は2018年の改定第9版を用いて比較した。

5）　岡村は社会生活の基本的要求を7つに分類し，それぞれに対応する制度の例を示した。すなわち a. 経済的安定→産業・経済，社会保障制度，b. 職業的

安定→職業安定制度，失業保険，c. 医療の機会→医療・保健・衛生制度，d. 家庭的安定→家庭，住宅制度，e. 教育の機会→学校教育，社会教育，f. 社会的共同→司法，道徳，地域社会，g. 文化・娯楽の機会→文化・娯楽制度，以上である。これらは現代にあてはめた場合，若干修正が必要と思われるが，社会生活の課題を考える際には十分参照に値する。

6） 社会福祉の原理として，「全体性の原理」のほかに「社会性の原理」，「主体性の原理」，「現実性の原理」があり，いずれの原理も社会関係の主体的側面を基本的視点として説明されたものである（岡村　1983）。

7） 資本主義経済体制のもとでは，労働者は自らの労働力を商品として資本家階級に売ることしか生活を維持する手段がないため，資本家は労働力を可能な限り安く買い，効率よく価値を生み出す仕組みを作ることになる。それは労働者にとって働きやすい環境を整備することに必ずしも直結しない。なぜなら資本家階級は労働力に支払う賃金よりも，生み出される価値の増殖にしか目的はないため，雇用した労働者の労働によって，貨幣というかたちで価値が手に入りさえすれば労働者がどうなろうと無関心だからである（佐々木 2017）。

8） 通称ケアマネジャーと呼ばれる介護支援専門員は，介護保険法によって規定されているケアマネジメントを行う専門資格である。社会福祉士等の資格を持ち，一定の実務経験（5年）を経たうえで，都道府県知事が実施する介護支援専門員実務研修受講試験に合格した後，研修を受講して登録される（江口　2019）。2019年に第22回の試験が実施され，これまで合計で70万8025人が合格している。

9） 2020年6月5日に成立した改正社会福祉法では，引きこもりなど社会で孤立している人や家族を伴走支援する「重層的支援体制整備事業」が設けられた。新事業については，「断らない相談支援」，「参加支援」，「地域づくり」が一体的に進められる予定であり，その際ソーシャルワーク機能を重視する。さらに付帯決議において社会福祉士，精神保健福祉士の活用が付け加えられた（福祉新聞　2020）。

10） 現在は何らかの法人や団体に所属している社会福祉士が多数派である。個人事業主としての就労形態をとる，いわゆる独立型社会福祉士は，日本社会福祉士会に登録されている人数をみても452名（2020年6月現在）である。もちろんこの登録者数には含まれていない独立型の形態をとる社会福祉士も一定数存在すると考えられるが，少数派に変わりはない。

11） 「令和元年（2020年）労働組合基礎調査の概況」では，全体の労働組合数2万4057組合，組合員数1008万8千人となっており，組合数と組織率の減少傾向が続いている。特に組合数は減少が著しく，1976〜98年までは7万台を

維持してきたが，現在はピーク時の3割程度となっている（厚生労働省2019）。木下はこの背景に組合員の高齢化，新規採用の抑制，不正常な労使関係が要因にあると分析している。そのうえでの打開策として，過去と断絶した「新しい労働運動」をあげる。具体的には労働者の類型，組合機能，組織形態を不可分なものとして，労働市場に即した労働組合の構想である（木下2007）。

12) 今野（2020）は，従来のストライキが減少した一方で，SNSを用いた新しいかたちのストライキが出現していることを明らかにしている。サービス業や流通業でのストライキはその代表であり，労働組合法に基づく正式なストライキではないが，SNSでの当事者の発信により広く賛同を集めて威力を増すところに特徴があるとした。このような動きは新しいかたちのストライキとして一定の効果をあげており，近年非正規雇用者や女性の参加を後押ししている。詳しくは『ストライキ2.0　ブラック企業と闘う武器』参照。

13) わが国最大の労働組合組織である連合は，執行役員に占める女性の割合目標を2020年までに30%と定めており，この目標自体は達成されている（井上2018）。一方で，女性の意見を広く吸い上げる「女性委員会」が設置されている組織はまだ半数に満たないという現実がある。

14) 1979年に国連総会にて採択された「女性差別撤廃条約」を日本は1980年に署名した。その後，批准に向けて国内法の整備が早急に進められ，結果的に「男女雇用機会均等法」が1985年に成立した。しかし，これは女性労働組合リーダーたちが要求した不当な男女差別の撤廃を目指した「男女雇用平等法」の新設ではなかった。「男女雇用機会均等法」は「勤労福祉婦人法」の改正案として出されたものであった。性差別については女性自身の個人的な努力で克服せよとする経営者側の意見が反映された「保護と平等論」にみられるように，「母性としての女性の身体の保護」が目的であったはずの一般女性保護規定の廃止が要求された（神尾　2018）。当初は新制度として「男女雇用平等法」の成立が審議されていたにもかかわらず，当時の労働省は経営者側の歪んだ「保護と平等論」に押され，より過酷な労働環境へと女性労働者側を追いやるかたちでの法改正としたのである。なお，この法案が通らなければ女性差別撤廃条約の批准がなされないという崖っぷちの状況下で，女性労働組合リーダーたちは女性差別撤廃条約の批准優先という苦渋の選択をしたのである。

　女性に対して差別となるような保護規定は廃止されるべきであるが，「保護と平等論」による一般女性保護規定の廃止は，そもそも男女の別関係なく健康を害する労働条件の押しつけであり，女性だけではなく男性にとっても保護規定を拡大させる方向へと進む必要があることはいうまでもない。

第 4 章

社会福祉士による権利擁護実践
——成年後見人等としての活動から

　これまで，権利擁護について理論的な考察を行い，ソーシャルワーカーとしての社会福祉士の実態からその問題点と展望を論じてきた。ここからは，具体的な実践事例の分析を通して権利擁護について考えてみたい。ここで分析する実践事例は，主に成年後見人等[1]として活動する社会福祉士に視点を当てたものとする。現在の社会福祉士養成カリキュラムでは，成年後見制度による成年後見人等の実践事例から権利擁護についての理解を進める方針が取られているものと考えられる。つまり権利擁護の概念について直接的な内容は少ないが，事例を用いて間接的に学ぶ形式である。社会福祉士は，養成課程の段階ですでに成年後見人として実践することが想定されており，また実際の成年後見人等として活動する社会福祉士が増加傾向にあることが，社会福祉士を取り上げた理由である。

I　成年後見制度と社会福祉士の関係性

　成年後見制度は1999年の民法改正によって施行された。それまでは禁治産・準禁治産制度があったが，その名の示すとおり禁治産者，準禁治産者は戸籍に明記され多くの権利が制限されたうえに差別や偏見も多く，決して使いやすい制度ではなかった。2000年前後の社会福祉基礎構造改革による権利擁護の潮流の中で，具現化する制度として成年後見制度が登場した。この制度は精神上の疾患や障害のため判断能力[2]が不十分になった成人の財産の管理や，各種契約行為について，家庭裁判所から選任された成年後見人等が

代理権や同意権，取消権を行使して本人の権利を擁護するというのが目的である。また，ノーマライゼーション，自己決定，身上の保護が理念としてあげられている。これらの理念は福祉との親和性が高く，そのため社会福祉士は成年後見制度では専門職後見人として役割を担うことが想定されている。成年後見人等には，判断能力が低下した本人の親族が選任される場合もあるが，法律職の弁護士と司法書士，福祉職である社会福祉士が選任される場合は専門職後見人と位置づけられている。

1 専門職後見人としての社会福祉士の特徴

　日本社会福祉士会は1999年に「成年後見センターぱあとなあ（現権利擁護センターぱあとなあ，以下，ぱあとなあ）」を立ち上げ，成年後見人等としてケースを受任するためには「ぱあとなあ」への名簿登録を条件とする仕組みを作り上げた。この「ぱあとなあ」に登録されて所属するには，都道府県社会福祉士会が実施する成年後見人養成研修を修了しなければならない[3]。2018年4月時点で名簿登録されている社会福祉士は，7828名である。さらに全国の都道府県社会福祉士会が提出した2018年2月の報告書の集計結果によると，社会福祉士が成年後見人等として受任したケース[4]は2万1941件である。社会福祉士の受任件数は毎年増加傾向にあり（日本社会福祉士会 2018），弁護士，司法書士の受任件数を加えると親族以外の第三者後見人のおよそ85%を専門職後見人が占めている。
　専門職後見人には，一定水準の専門性を担保するための養成研修が課せられている。社会福祉士の場合は「ぱあとなあ」の名簿に登録する条件としての成年後見人養成研修がそれである。社会福祉士の場合，多くは何らかの法人，機関に所属して業務を行っている割合が高い。よって成年後見人等として活動するには，所属先の業務と並行しなければならない。日常的な本来業務との並行であるため，さまざまな制約が伴うことが予想されるが，実際は年々成年後見人等としての受任ケースを増やしている。2019年の新規受任件数は，弁護士，司法書士は前年と比較して減少しているのに対して社会福祉士は5133件と前年の4837件よりも増加している（最高裁判所 2020）。

成年後見人等の主な役割として，財産管理と身上保護[5]がある。財産管理は預貯金の管理，解約や不動産の処分などを代理権を用いて行うことである。身上保護については，その内容が広範囲にわたるため具体的に示すのが難しい。根拠となっている民法858条では，「一身専属的権利を除く，被後見人の身上に関する一切の事項」と漠然と規定している。この身上保護について，成年後見制度の施行当初から重要性を指摘した上山（2010）は，7つの項目を列挙して示している。すなわち，

　①医療に関する事項

　②住居の確保に関する事項

　③施設の入退所，処遇の監視・意義申立て等に関する事項

　④介護・生活維持に関する事項

　⑤教育・リハビリに関する事項

　⑥意義申立て等の公法上の行為

　⑦アドボカシー

以上の7項目である。なお，実際の制度利用の動機で最も多いのは預貯金等の管理・解約といった財産管理である（最高裁判所　2020）。また，実際の実務は財産の保全のみに比重が偏り，福祉的視点が乏しいとの指摘もある（成年後見制度利用促進専門家会議　2016）。

　社会福祉士はソーシャルワーカーとして，福祉的な視点から身上保護に専門性の発揮が期待されていると考えられる。社会福祉士による成年後見実践を分析した西原（2013）は，「『身上監護』という目的を達するために『財産管理』を行うことが成年後見人等の職務である。」として，財産管理と身上保護の両者を明確には分けられないと主張する。

　確かに住居を確保するために施設入所の契約を代理して行い，その入所費用の支払いまでを代理する場合，上山の身上保護の項目では②住居の確保に関する事項，③施設の入退所，処遇の監視・意義申立て等に関する事項，④介護・生活維持に関する事項に該当する。同時に入所費用等の支払いがあるため，財産の管理が必要となる。このように身上保護と財産管理は本来不可分なものであることがわかる。そうすると，財産管理は福祉的な視点を欠くというのは誤りで，財産管理にも福祉的な視点が必要ということになる。

よって社会福祉士はその福祉的な視点を用いて財産管理から身上保護までを担当することが役割であるといえる。以上から，社会福祉士が専門職後見人として実務を担う場合の特徴は，①身上保護，財産管理双方に福祉的な視点の発揮が求められる，②所属機関の本来業務と並行しての実践となる，③受任件数は増加傾向であり，また，福祉的な視点のニーズの高まりから今後も増加すると予想される，この3点となる。

2　成年後見制度に対する社会福祉士の意識

　専門職後見人としての社会福祉士の特徴を述べたが，当の社会福祉士は成年後見制度に対してどのような意識をもっているのであろうか。筆者は2013年に宮崎県社会福祉士会会員のうち，調査当時成年後見人養成研修を未受講であった345名に対してアンケート調査を実施している（日田　2015）。主に社会福祉士が成年後見人として受任件数を増やす必要性や，自らも成年後見人等として実務を担うために養成研修を受講したいかなどの項目と，自由記述を設けて回答を得た。回収数は146名（回収率42.3％）であった。

　この調査の結果では，社会福祉士の成年後見人等を増やす必要があると肯定的に回答した割合が78％を占めており，自らもの養成研修を受任したいと希望する割合も72％であった。養成研修受講を希望する理由で最も多くみられたのは「成年後見制度の理解」である。これは普段の業務で成年後見制度の必要性を感じる場面が多いことも影響していると考えられる。一方で，養成研修の受講を希望しない理由で最も多くみられたのは，「本来業務との両立が難しい」であった。これは社会福祉士の特徴を考えると予想していた結果でもあった。

　自由記述の内容を質的な方法で分析した結果，成年後見制度に肯定的な意識と否定的な意識とに分けられた。肯定的な意識には，「成年後見ニーズの高まり」から「求められる社会福祉士の専門性」を発揮するべきとする記述内容や，成年後見人としての役割を担うことは「社会福祉士の自尊心」の高揚につながるという意見もあった。一方で，否定的な意識には，養成研修に割く時間の確保が難しいことが「養成研修受講の困難」の理由となってお

表 4 - 1　成年後見制度への意識の傾向と分類

意識傾向

↑

概念的カテゴリー	コード
成年後見ニーズの高まり	障害者のニーズ
	高齢者（認知症）のニーズ
	貧困者のニーズ
	専門職へのニーズ
求められる社会福祉士の専門性	権利擁護の視点
	福祉サービスの専門的知識
	親族からのトラブル回避
	適切な倫理
	多様な支援をコーディネート
	身上の保護
社会福祉士としての自尊心	地位の確立
	社会福祉士の役割
	活躍の場の開拓
	他専門職との比較
	質の向上
養成研修受講の困難性	研修地域の問題
	時間確保が困難
	選考漏れ
後見活動遂行の困難性	後見活動時間確保が困難
	業務両立困難
	職務専念規定（兼務禁止）
	多大な負担
	重い責任
	体力的問題
	知識不足
役割の否定	受任前提に疑問
	市民後見人の推奨
	無関心
	業務の本来性否定
	少ない報酬

↓

否定

出典：筆者作成。

り，仮に養成研修を受講できたとしても，成年後見人等として活動できるか
わからないといった，「後見活動遂行の困難性」もみられた。また，成年後
見人としての活動自体を否定する「役割の否定」も少数ではあるが確認され
た（表4－1）。

　また，この調査で明らかになったのは，社会福祉士が成年後見人として活
動することに対する肯定的，否定的意識に加え，積極的，消極的意識の存在

図4－1　社会福祉士の成年後見制度に対する意識の概念モデル

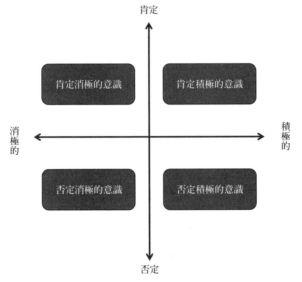

出典：筆者作成。

　である。この4つの意識の組み合わせによってさらに4分類できることがわかった。たとえば，「社会福祉士が成年後見人として受任を増やすべきだ」とする，肯定的意識と，自らも「後見人養成研修の受講を希望する」といった積極的な意識の組み合わせは【肯定積極的意識】とした。このように組み合わせていくと，ほかに社会福祉士が受任を増やすべきだが，自分は養成研修を受講できない【肯定消極的意識】，社会福祉士が受任を増やすべきとは思わないが，成年後見制度理解のために養成研修は受講したいと希望する【否定積極的意識】，受任は増やすべきではなく，自らも養成研修を受講しない【否定消極的意識】もみられた（図4－1）。
　この4つの意識傾向のうち，最も多くの割合を占めていたのは【肯定積極的意識】であった。この傾向が社会福祉士の受任件数増加にも反映していると考えられる。この意識からは，成年後見人には権利擁護の視点が必要であり，それを担う専門職として社会福祉士が適当であるとする認識が広がっていることが確認できた。正反対の意識として【否定消極的意識】があるが，

多大な負担を抱えることや，兼業禁止などの職務規定，時間確保の困難性など，現実的な問題が成年後見活動へのハードルを上げていると感じられる。ほかにも，関心が低かったり，報酬の少なさがネックになっていたりとの事情があることも明らかになった。

　少数ではあったが，「否定積極的意識」も存在した。これは，社会福祉士が成年後見人として活動することに対しては否定的であるにもかかわらず，自らは成年後見人養成研修の受講を希望するという一見矛盾した意識傾向である。その要因を確認すると，「成年後見制度の理解」が養成研修受講理由として多くあがっていた。社会福祉士が後見人として受任を増やすことには賛成できないが，成年後見制度に関わる場面は増えることが見込まれ，知識として身につける必要性の高まりが，この矛盾した意識の背景にあるものと考えられる。加えて，成年後見人として活動することが社会福祉士である自らの自尊心を高め，独自の専門性を発揮できる機会と捉えられていた。それは成年後見人としての実践に可能性を感じているということでもある。成年後見実践によって社会福祉士の専門性を示し，専門職としてのアイデンティティーの確立につながる可能性である。

II　専門職後見人の実践

　ここからは成年後見人としての実務内容を分析対象として，権利擁護の実践を視覚化することを目的に専門職後見人へのインタビュー調査結果について考察する。

1　専門職後見人の概要

　現在，専門職後見人（弁護士，司法書士，社会福祉士）が受任ケースの大半を占めていることはすでに述べた。また年々その割合は増加傾向であり，全体の7割弱を占めるまでになっている（**図4−2**）。
　1999年の民法改正により，禁治産・準禁治産制度が廃止され，成年後見制度と改められた。この旧法時代には禁治産者・準禁治産者と宣言されたもの

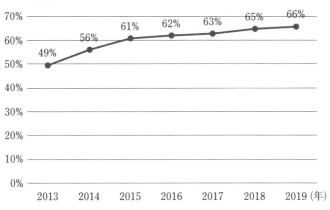

図4-2 成年後見人等に占める専門職後見人（弁護士，司法書士，社会福祉士）の割合

出典：成年後見事件の概況 平成25年～令和元年（最高裁判所）までのデータをもとに筆者作成。

にも後見人がついたが，親族以外の第三者が後見人になる割合は，1995年のデータでわずか4.4%であった（上山 2010）。基本的に後見人は親族が受任するものとの想定が前提になっていたからである。禁治産・準禁治産制度はその名が示すとおり財産を治めることを禁じ，禁治産宣告がなされた場合は，判断能力の程度にかかわらず一律に法律行為が制限され，さらに戸籍上に記載されるなど，差別や偏見を助長する特色を有していた。成年後見制度は社会福祉基礎構造改革を経て，権利擁護が主要なテーマとなった流れの中で必然的に登場した制度といえる。また，2000年からスタートした介護保険制度は，「介護の社会化」を看板にあげて，成年後見制度を車の両輪と位置づけ利用の拡大を図った。そのため従来の禁治産・準禁治産制度よりも利用件数は伸び続け，近年の動向では親族後見人の不正の影響もあって専門職後見人の受任件数が増加していった。いまや親族以外の第三者後見人の半数以上を専門職後見人が占めるまでになった。民法改正と介護保険制度の施行は専門職後見人が増加した背景には違いないが，増加した要因はそれだけではない。その他の要因として，家族機能の縮小や親族を頼りにくい社会的状況（税所 2016）があげられている。いずれにせよ専門職後見人の役割は拡大傾

向にある。

　専門職後見人は主に法律職（弁護士，司法書士）と福祉職（社会福祉士）に大別できる。この専門職とは，それぞれの専門分野をもつ職種が成年後見人等に選任されるという意味での「専門職」後見人であり，成年後見制度に限定された専門性を身につけた「専門職」ではない。つまりそれぞれの分野における独自の専門性を，成年後見人等としての実践に活用するという意味での専門職後見人であって，成年後見人等のために創設された専門職ではない。

2　専門職後見人それぞれの特色

　弁護士，司法書士，社会福祉士の3専門職は成年後見制度発足当時から，各職能団体で後見人養成のためのプログラムを整備してきた。よって当然，この3専門職は自身の専門性に加え，成年後見制度に精通して実務を行っていると考えられる。具体的には，弁護士，司法書士の法律職は土地や建物といった不動産も含めた財産管理や遺産分割協議，社会福祉士は福祉職として福祉サービスの利用手続きや利用状況の確認などである。

　法律職と福祉職が共同作成した成年後見計画を分析した田部（2011）は，それぞれの専門性が発揮される場面を具体的に示している。法律職は主に紛争解決の場面において専門性が発揮されており，たとえば家庭裁判所に関わる手続きとしての調停や相続放棄などがあげられている。社会福祉士はケースワークの技術や，生活の全体性を捉える視点，社会資源につなぐコーディネートが必要とされる場面において専門性が発揮されている。そのうえで，法律職は「被後見人等と第三者の間で生じる金銭トラブル等の利益が絡む問題」，福祉職は「被後見人等の日常生活動作と生活環境の間で生じる不適合の問題」に対してそれぞれの専門性が有効であると結論づけられている（田部　2011）。

　これらの専門性は，別々に区分けされて用いられるよりは，一体的に発揮されていると考えられる。なぜなら被後見人の生活では，それぞれの専門性が必要な場面は分化されているのではなく，連なっているからである。つまり一人の被後見人の生活には法律職と福祉職の専門性が同時に発生する場面

が存在するということである。そうすると，法律職であっても福祉的な視点が求められ，逆に福祉職は法律の知識が必要となり，それぞれの専門性について無関心でいるわけにはいかない。また，2017年3月に閣議決定された「成年後見制度利用促進基本計画」には財産管理の偏重が指摘され，福祉的な観点から意思決定支援や身上保護を重視する必要性が盛り込まれた。成年後見人等としてケースを受任するのであれば，もはや自らの専門性にだけ関わる実務をこなせばよいという段階ではないといえる。あるいは，複数の専門職が同時に受任するような形態や，個人ではなく，法人後見も有効であろう[6]。

3 専門職後見人の実践にみられる権利擁護

専門職後見人である弁護士，司法書士，社会福祉士と，他の専門職[7]は，親族以外の後見人のうち8割強を占めている。以下では，その専門職後見人に対してのインタビュー調査から，権利擁護について分析する。

（1） 調査の目的

成年後見人等として活動している3専門職に対してインタビュー調査を実施した。目的は社会福祉士と法律職（弁護士，司法書士）の実践から権利擁護がどのように果たされているのかを分析すること，また，実践にみられるソーシャルワークの要素を抽出することである。それらが専門性の違いを超えて成年後見実践の基盤となっているとの仮説を立て，本稿で定義した権利擁護に当てはめて実証を試みた。

（2） 調査対象と分析方法

インタビューの対象は，成年後見人等としてケースを受任している専門職（弁護士，司法書士，社会福祉士）とした。具体的な対象者の選定は対象までのアクセスの利便性を考慮した機縁法を用いた。その結果，法律職である弁護士4名，司法書士3名，福祉職である社会福祉士5名の計12名から協力を得た（表4-2）。これらの対象に2016年4月〜2018年2月の期間にインタ

表4-2　インタビュー対象者

	性別	専門職種	受任件数	経験年数
1	男性	弁護士	5件	3年
2	男性	弁護士	4件	8年
3	男性	弁護士	12件	9年
4	女性	弁護士	10件	10年
5	男性	司法書士	5件	5年
6	男性	司法書士	6件	6年
7	女性	司法書士	26件	7年
8	女性	社会福祉士	12件	2年
9	男性	社会福祉士	12件	3年
10	女性	社会福祉士	16件	5年
11	男性	社会福祉士	5件	9年
12	男性	社会福祉士	5件	10年
13	男性	社会福祉士	5件	6年

出典：筆者作成。

ビューを行った。

　主な質問項目は成年後見人としての経験年数，受任の経緯，後見業務の主な内容，困難な点や課題である。インタビューの時間は概ね60分程度として，状況に応じて短縮，延長して対応した。実際のインタビュー時間も平均60分程度であった。また，質問項目以外の語りも柔軟に引き出すために半構造化面接法を採用した。これはあらかじめ決められた質問項目を基本としながらも，違う話題にも重要な内容が含まれている場合を想定して柔軟に聞き取れるというメリットがある。インタビュー時には承諾を得てボイスレコーダーで録音し，インタビュー後に逐語録を作成した。その内容を質的分析手法である修正版グラウンデッド・セオリー・アプローチ（以下，M-GTA）によって分析を試みた。なお，M-GTAで明らかにするのは，専門職が行う成年後見人等の実践のプロセスと内容の多様性である。

　木下（2008）によれば，「グラウンデッド・セオリーとはデータに密着した分析から独自の説明概念を作って，それらによって統合的に構成された説明力にすぐれた理論」である。このM-GTAで生成された概念は，「一定程

度の現象の多様性を説明できるもの」であり，異なった分野の専門職後見人の実践にみられる多様性を説明できると考えられる。生成された概念から理論が構成されるが，今回の分析で得られた概念や理論は，今回の分析対象となったデータの説明に限定される。したがってすべてのケースに当てはまるという普遍性を伴ったものではない。ただし，M-GTA で生成された概念，理論はあらゆるケースに広く開放され応用可能で発展性を備えているという特質をもつ。対人援助の複雑さを鑑みると，この応用可能な概念，理論の生成を目指す M-GTA での分析は妥当性があると思われる。具体的な手順は以下のとおりである。

①分析テーマと分析のモデルとなる分析焦点者を設定する。

②調査対象者一人のインタビューデータから作成した逐語録全体に目を通し，テーマとの関連箇所に着目する。

③分析ワークシートを作成し関連箇所に着目した意味の解釈として定義を示し，概念を生成する。

④他の調査対象者のインタビューデータから類似例や対極例を探し比較検討しながら概念を精緻化する。

⑤生成される概念がなくなったと判断された時点で「理論的飽和化」とする。

⑥生成された個々の概念について，関係性を検討し，カテゴリーを生成する。

⑦データ，概念，カテゴリーの関係性についての結果図を作成する。

以上の手順にしたがって分析を行った。

（3） 倫理的配慮

今回の調査を行う際に，まず，対象者に研究目的，概要を口頭と文書により，任意の協力であること，協力の可否で不利益を被らないこと，同意後も辞退が可能であること等を説明した。また，本人が特定されないよう個人情報の保護とデータの管理も徹底することを追加して，協力に同意した場合のみ同意書に署名してもらい，原本を筆者が保管し，コピーを協力者へ渡し

た。また，調査は筆者が所属する研究機関の倫理委員会より承認を得た。

（4）　結果

　M-GTAは対人援助場面で展開されるさまざまな援助過程を分析の対象とする。そこで分析テーマを「成年後見実践にみられる権利擁護のプロセス」と設定した。さらに分析対象者を首長申立て（市町村長申立て）のケースを受任している，あるいは受任した経験のある専門職後見人（弁護士，司法書士，社会福祉士）とした。首長申立てケースを対象としたのは，そもそも親族がいないか，疎遠であるため親族後見がつけられないケースが多く想定されるため，実質，専門職後見人が受任するケースが多いと予想したからである。分析は先に述べた手順①〜⑦に沿って実施した。その結果，14の概念と５つのカテゴリーが生成され，さらにその上位カテゴリーとして，専門職後見人の実践プロセスに関するものと，実践の基盤となっているものの２つに分類された（表４－３）。

　専門職後見人による支援が展開されるプロセスには，成年後見人等が受任されてからの実践だけではなく，申立て前と被後見人等の死後の事務までを含むことが明らかとなった。よって関連する事項も含めて，実践のプロセスを，ニーズ発見，申立て，成年後見人等の選任，成年後見人としての実務，被後見人等の死亡，死後事務の終了と区切った。以下，上位カテゴリーを【　】，カテゴリーを『　』，概念を〈　〉，インタビューの内容は「　」で示す。

　①『申立て実践』
　成年後見制度へのニーズの発見から首長申立てに至るまでを，制度利用につながる入り口の段階として，その入り口にたどり着くための支援が実施されていた。
　成年後見制度の利用の背景には，本人に何らかの疾患や障害による判断能力の低下が認められ，財産の管理や各種サービスの利用手続きが困難となり，権利の侵害に陥る危険性がある。その状況を本人以外の第三者が把握しなければ，成年後見制度につなげるのは難しい。認知症が進行した高齢者

表4-3　カテゴリーと概念

上位カテゴリー	カテゴリー	概念
【専門職後見人の 後見実践プロセス】	『申立て実践』	〈制度入り口での支援展開〉
		〈成年後見ステーション〉
	『法的問題解決実践』	〈債務整理方法の発見〉
		〈経済的虐待からの解放〉
	『事実問題解決実践』	〈生活基盤の安心サポート〉
		〈制度利用に付随する支援〉
		〈親族間の仲介役〉
【専門職後見人の 後見実践の基盤】	『後見人としての使命と責任』	〈報酬よりもニーズ対応優先〉
		〈死後事務への責任〉
	『ソーシャルワークの要素』	〈意思尊重の努力と工夫〉
		〈意思尊重に伴うジレンマ〉
		〈既存ネットワークの活用〉
		〈被後見人とのラポール形成〉
		〈新しい資源の創設〉

出典：筆者作成。

が，自らの判断能力の低下を認識して，家庭裁判所に成年後見制度の申立て[8]
を行う場面を想像するのは現実的ではないだろう。よって，特に首長申立て
に至るケースというのは，ニーズを発見して，家庭裁判所に申立てる際に必
要な手続きを支援する第三者の関わりが不可欠である。ニーズを汲み取る相
談対応，成年後見制度の適用を見極める視点，申立てに要する手続きの支
援，行政担当者への引継ぎなど，〈制度入り口での支援展開〉が確認でき
た。この一連の役割を担う機関としては，地域包括支援センターが多くあ
がっていた。地域包括支援センターは，権利擁護事業が事業内容として位置
づけられており[9]，成年後見制度に精通した社会福祉士がニーズを把握する
ケースが多いと考えられる。

　そのほかにも，近年増加傾向である独立型社会福祉士が成年後見制度の相
談を受けるケースもある。特に社会福祉士は相談から申立てまで幅広く対応
し，必要に応じて他の機関につなぐなど，ハブとしての役割を担っていた。
そこで，このような活動を表す概念として〈成年後見ステーション〉と表し
た。なお，社会福祉協議会や居宅介護支援事業所のケアマネジャーが〈制度

入り口での支援展開〉に関わっているとの発言は聞かれなかった。おそらく社会福祉協議会は日常生活自立支援事業での対応が主であり，法人後見を実施しているとしても，専門職につなぐことは少ないと思われる。また，ケアマネジャーは成年後見制度の理解度に個人差があり，制度の利用を具体的に進める段階にまで至らないと想像できる。

　相談経路のもとをたどると，病院のケースワーカー，福祉施設の相談員，民生委員が浮上した。また，最初から成年後見制度の相談として持ち込まれるのではなく，「支援が必要だが，どうすればいいかわからずに困っている」という内容がほとんどであった。このような相談を成年後見制度のニーズとして見極める判断力が相談先には求められる。申立てに関わる際に，首長申立てにつなげるのではなく，親族申立て，あるいは本人による申立ての手続きを進められるように支援するケースもあり，場合によっては親族や本人で十分対応が可能であることも確認できた。よって以上のような概念のカテゴリーを『申立て実践』とした。

　② 『法的問題解決実践』
　首長申立てによって専門職後見人の受任が決定したのち，抱えていた借金やローンなどの債務を法的に整理する支援によって〈債務整理方法の発見〉がみられた。専門職後見人がつく前は債務の適切な整理の手立てがわからずにいるため，その解消が後見人の役割の一つとなっていた。「住宅ローンの借金なので，数百万円くらいあったんですけど，その手続きを終えることで，助かりましたって本気で感謝してくれる人もいますね」，「法テラスと連携して，なんとか債務整理できそうでよかったって言ってますね」のような発言から債務の解消についての感謝の言葉が率直に専門職後見人に告げられており，不安も解消していると読み取れる。

　親族から侵害されていた財産の保護を目的とした〈経済的虐待からの解放〉のために，緊急措置として親族から引き離したうえで財産の管理を行うケースもある。たとえば「息子，娘が金銭搾取のような経済的な虐待をしていて，病院とか，施設の利用料の未払いがあって，支払いが滞っているので，支払いをお願いしたい」といったように施設や病院から相談が持ち込ま

れるような場合である。このような実践は，法律専門職である弁護士，司法書士が請け負う事例が多いと予想していたが，社会福祉士の実践にもみられている。これらは主に法的な問題への対処として，『法的問題解決実践』とした。

③『事実問題解決実践』
　専門職後見人は法的な問題ばかりではなく，事実の問題にも対応する。これは主に被後見人などに衛生的な生活環境や日常生活に必要なケアを提供することで，生活基盤が安定して不安や混乱が軽減される〈生活基盤の安心サポート〉が当てはまる。「今まで（サービスは）何も使ってなくて，小規模多機能（型居宅介護事業所）を使うことによって生活のリズムが整ってきた人とかもいますし」，「給食の配送とかするところが母体なもんですから，すごく食事はいいんですよ，栄養士がついてですね，あと，やっぱり一番感じたのは集団生活ですね。本人はどんどん状態が良くなったんです」などのように被後見人の心身の状態が改善されていったケースがあった。
　ほかにも〈制度利用に付随する支援〉として，「毎月その（介護保険）サービスを使っている被後見人には，ケアマネジャーさんのモニタリングに合わせて自宅に行ってるんです」のように，ケア会議やサービス担当者会議へ出席している様子がうかがえた。
　負担が大きいと考えられる支援として，〈親族間の仲介役〉がある。今回のインタビューで負担が大きいと語られた内容に，親族との関係性や，本人と親族との間に立たされる苦悩が多く聞かれた。申立てを親族に任せられないケースが首長申立てになるのであるが，じつは親族がいなくて首長申立てになったというよりは，親族に関わることができない事情をもったケースが相当数いることがわかった。それは関係が不良で途絶えていたり，虐待等の理由で後見の申立てに関わらせることができなかったりといった事情である。ここには親族間の悪化した関係性も含まれる。そのような被後見人に対して，「もともと関係性が悪かった親族と，本人が危篤状態になったことをきっかけに関係性が戻って，本人も回復して，そっからまた親族との新たなつながりができたケースもある」といった発言にみられるように専門職後見

図4−3 【専門職後見人の後見実践プロセス】

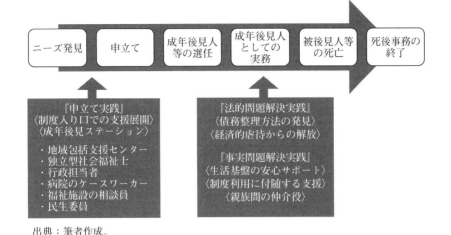

出典：筆者作成。

人が間に入って関係の改善が図られていた。

　以上の実践を『事実問題解決実践』とした。この実践はソーシャルワークの専門職である社会福祉士の実践領域であると思われたが，弁護士，司法書士の実践にも含まれていることがわかった。加えて先に示した『法的問題解決実践』と『事実問題解決実践』は関連しており，同時並行的になされている。たとえば，経済的虐待からひとまず逃れるために法的な措置を図ると同時に，施設入所後の生活基盤を確保する支援などである。

　以上，①〜③の実践についてのカテゴリーを上位カテゴリーである【専門職後見人の後見実践プロセス】にまとめた（図4−3）。

　④『後見人としての使命と責任』

　今回インタビューを行った調査対象者が受任しているケースは，首長申立てによって成年後見人が選任されており，経済的に困窮した状況にある被後見人も多い。成年後見人等に支給される後見報酬[10]は被後見人の財産から支払われる仕組みとなっており，財産が少なければ報酬が見込めないと予想できる。ただし，財産が少ないといっても，専門職後見人は「受けるときは

報酬のことは考えないですね」,「誰かがやらなくちゃいけないってなれば, ほかにいないからやった, ていう状況ですよね」,「使命感である程度, やはり共有できる (専門職の) 人たちが多いのは事実だと思います」のように, 専門職後見人は, 仮に後見報酬が見込めないケースであっても使命感が活動の原動力となる傾向にあり, ニーズへの対応を優先しているのがわかる。

　その使命感に関連して, 死後事務についてであるが, これも親族等の協力が得られない首長申立ての被後見人であれば, 受任した専門職後見人以外, 支援できるものは存在しない。死後事務は被後見人等が亡くなったあと, 残った債務の支払い (入院費, 施設入所費等) や, 葬儀, 納骨, 供養等の一連の事務手続きを指す。成年後見人等は債務の支払い等は行えるが, 葬儀に関しては実施できる権限を持たない[11]。被後見人が亡くなった場合は残った財産を計算して相続人に引き渡すまでが実務の範囲である。ただ, 相続人に頼れないような状況で専門職後見人が担わざるを得ない現状もみられた。「市の共同墓地に (遺骨を) 入れたんですけど, (親族が) そこのパンフレットを受け取ってくださったので, 寄られることがあったらお墓参りでもって, 手紙とか通帳とかを一緒に送って, 届きましたって電話もらいました」,「永代供養の手配なんていうのもあったんで, これはもちろん報酬なんかないですけど」との発言から,〈死後事務への責任〉が感じられる。よってこれらを『後見人としての使命と責任』とした。

　⑤『ソーシャルワークの要素』
　専門職後見人の後見実践プロセスには,『法的問題解決実践』にせよ,『事実問題解決実践』にせよ, 最大限本人の意思を引き出し, 尊重する姿勢が確認できた。「髪を切りたいとか, 染めたいとか, 薬が欲しいとか, 買ってきましょうかって聞いたら, わからないから私が買ってくるって……だいたい本人の意思を尊重しないといけないから」,「その人, ちょっと足が悪くなったもんだから, お風呂とかバリアフリーの一部補修をしようってことで, 本人と合意して」,「本人に話を聞いて, 本人の要望が何かを聞きながら, 進めていくということですね」, など以上の発言は〈意思尊重の努力と工夫〉に取り組む様子が伝わる。この〈意思尊重の努力と工夫〉には, 同時に〈意思

尊重に伴うジレンマ〉が存在する。「本当はもう（お金）を預けたくないぐらいなんですよ。借金返す先やって言って。ただ、だんだんかわいそうになってきて。そういうお金の制限が」、このように適切に財産を管理することが、本人の希望の抑制になってしまいかねないというジレンマは多くの専門職後見人の発言から確認できた。

　また、入所中の施設から自宅へ帰りたいという願望にどう向き合うかという悩ましい問題もある。「（施設を）出たいと言われたときにどうするか、困りますね。早く帰りたいって言うんですよね」、被後見人等の状態を考えると、自宅に戻って生活するのは困難であると判断をせざるを得ない場合がある。本人の望む生活と、施設生活を継続させることとの間に葛藤が生じるのである。このジレンマは、本人の意思を尊重するという意識がないと生じない。ゆえに成年後見制度の自己決定の理念に照らせば、ジレンマが生じるのは不可避であるともいえる。

　被後見人等を支援する際に地域にあるあらゆる社会資源を活用する必要があるが、専門職後見人が持ち合わせている〈既存ネットワークの活用〉が有効である。特に成年後見人等としての実務を開始する前から構築されていたネットワークがあると、その後の後見活動においても連携が図りやすい。「ネットワークがあるからやりやすいんじゃないですかね、施設の人も、研修で会いましたよねとかになると、コミュニケーションが取りやすくて」、「成年後見ネットワーク会議がありまして、弁護士であったり、司法書士、もちろん社会福祉士さんもいるんです」など、他分野の他専門職とのネットワークは高い専門性が求められる後見実務においては有効である。

　被後見人との間に、いかに信頼関係を構築するかは重要な課題として取り組まれていた。これを〈被後見人とのラポール形成〉とした。成年後見制度を通じて専門職後見人と被後見人等との間に信頼が生まれる場面がある。「機嫌のいい日は、ニコッとして『もうあんた息子のよう』とか言ってくれたりすると嬉しかったですよ」など、他人とは思えないほど信頼関係が築かれているのがわかる。このラポール形成には、〈意思尊重の努力と工夫〉による『法的問題解決実践』や、『事実問題解決実践』を経て形成される事例があり、これらの実践が信頼関係につながっていると見ることもできる。

図4－4 【専門職後見人の後見実践の基盤】

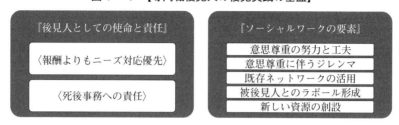

図4－5 【専門職後見人の後見実践プロセス】と【専門職後見人の後見実践の基盤】の関係図

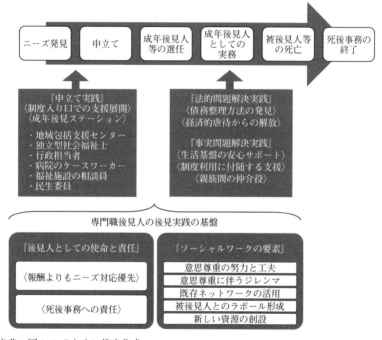

出典：図4-4, 5ともに筆者作成。

　専門職後見人が実務を行うなかで，現存する制度の不備を新しい社会資源の創設で補おうとする意識もみられた。「田舎ならではなんですけど，仕組みを作るという言い方ですかね，後見センターみたいな，そういったところ

が今作られていまして」，「相談内容を判断してくれるっていうところを作っておけば，それでふるいにかけて整理していくと，親族がいないなら市長申立てっていうように，采配できる機関を作っておく」など，これらの発言から〈新しい資源の創設〉という概念を生成した。NASWのソーシャルワーク定義にある開発的機能に重なる概念でもある。〈意思尊重の努力と工夫〉，〈意思尊重に伴うジレンマ〉，〈既存ネットワークの活用〉，〈被後見人とのラポール形成〉，〈新しい資源の創設〉，以上，生成された5つの概念は，ソーシャルワークと近似性があるため『ソーシャルワークの要素』としてまとめた。今回のインタビュー調査で最も多く生成されたのは，『ソーシャルワークの要素』にまとめられる概念であった（図4－4, 5）。

（5）　考察

①成年後見実践の再考

成年後見制度の首長申立てにつなげるには，ニーズの発見はもちろん，あわせて成年後見制度で対応すべきものかどうかの判断が必要になる。調査時点では地域包括支援センターや独立型社会福祉士が主に担っていた。制度につなげて専門職が成年後見人等の実務を行うことになった場合，本来は後見の範囲ではない死後事務まで関わらざるを得ない現状がある。したがって首長申立てケースの受任候補者となった専門職は，死後の事務を担うことを想定しての受任となる。成年後見人等の実務を請け負う段階で，すでに出口の支援までをイメージしているのである。現実的には，この入り口と出口の支援がなければ成年後見実践は成り立たない。このように被後見人の生活全般を包括的に捉える視点が成年後見制度には求められるのである。

また，成年後見の実務を財産管理と身上保護に分けて説明されるときがあるが，実際の実践ではこの両者は連動しており独立しているわけではない。どちらか一方を支援すれば完結するということはない。身上保護に相当する成年後見人等の実務として，医療に関する契約や施設の入退所に関する契約の締結と解除（上山　2010）などがあるが，いずれも金銭による手続きを経なければならず，本人の財産管理を考慮しないわけにはいかない。成年後見人等は財産管理と身上保護を一体的なものとして実践に臨むことになる。

今回の調査で,『法的問題解決実践』と『事実問題解決実践』が密接に関連している点も明らかになった。具体的には,経済的虐待が認められるケースについて,法的な措置によって加害者と被害者を離し,緊急的に福祉施設等に入所の手続きが取られる。これは各種虐待防止法に定められた措置であるため,『法的問題解決実践』に分類される。この措置の後,入所施設で提供されるケアについてのカンファレンスや,介護保険等の利用手続きなどは,生活基盤を安定させるための『事実問題解決実践』である。これらの実践にみられるようにこの両者も不可分なものなのである。そうすると一人の被後見人には法的問題,事実問題が複雑に絡み合っており,法律職,福祉職それぞれの専門性の範囲のみでは対応が追いつかない。今回の調査で,弁護士や司法書士が身上保護や事実問題への支援を行っていたのに対し,社会福祉士は財産管理や法的問題への支援を行う面も確認できた。つまり専門職後見人にはそれぞれに持ち合わせた専門性を発揮することに加え,専門外の知識,技術の補充が必要であろう。もしくは近年のその数を増やしてきている,複数の専門職で受任するかたちや法人後見が有効性が高いと思われる。

②後見実践の基盤

今回の調査で明らかになった重要な点は,後見実践を支える基盤となる姿勢や態度,価値が抽出されたことである。さらにいえば,この実践の基盤となっているものは権利擁護の定義にも当てはまる。本稿では,権利擁護を「本人にとって価値ある生を生きる自由の獲得と拡大を達成するために必要な,アドボカシー,過程,社会資源から構成される」とした。また,アドボカシーを,「本人の主体化が果たせない環境や状態にある人びと,またはそのおそれのある人びとの基本的人権や権利を保護・獲得・形成するため,代弁・弁護,対決・交渉によって本人のエンパワメントを支援する活動」と定義して,権利擁護の構成要素とした。これらの定義を念頭におき,今回の調査から抽出された後見実践の基盤をみると,制度の対象である判断能力が不十分な人びとは,まさに「本人の主体化が果たせない環境や状態にある人びと」に該当し,そのような人びとを〈報酬よりニーズ優先〉で対応していることがわかる。そして,基本的人権や権利を保護・獲得・形成するための代

弁・弁護として〈意思尊重の努力と工夫〉が行われているのである。

　この実践には多くの場合、〈意思尊重に伴うジレンマ〉が発生しており、本人の意思と本人の最善の利益とを尊重する難しさがうかがえる。また、〈意思尊重の努力と工夫〉は被後見人自身が主体的に生きるための支援であり、アドボカシーの「エンパワメントを支援する活動」にあたる。よって後見実践の基盤には、アドボカシーが根づいているといえるのである。また、このアドボカシーを基盤とした実践はどこに向かうのかというと、判断能力が不十分になっても主体性をもった生活を可能とすること、つまり「本人にとって価値ある生を生きる自由」の獲得なのである。『法的問題解決実践』や『事実問題解決実践』は「自由を獲得、拡大する過程」のうちになされ、『ソーシャルワークの要素』にあった〈新しい資源の創設〉は、「必要とされる社会資源」そのものである。このようにしてみると、成年後見人等の実践のプロセスとその基盤は、権利擁護の定義と重なる部分を多く含んでいることがわかる。裏を返せば、権利擁護の定義に成年後見人等の実践が当てはまらないのであれば、権利擁護を目的とした本来の制度のあり方から外れていると評価しなくてはならない。

　もう一つ付け加えておきたいのは、【専門職後見人の後見実践の基盤】には、『ソーシャルワークの要素』の〈意思尊重の努力と工夫〉が存在しており、専門職の中でもとりわけ社会福祉士の発言にその実践内容が多く聞かれた点である。たとえば、身上保護について、「デイケア対応のことで施設に要望した」、「本人（の言葉を伝え）、親族をつなぎ止めるのが役割」、「死後の方針を本人と話し合ってから決める」、「本人に合っている環境（施設）か事前に下見する」、「言葉が発せない被後見人に変わって発言する」などである。専門職後見人としての実践が権利擁護の観点から行われており、特に社会福祉士は『ソーシャルワークの要素』を多く含む。それはソーシャルワーカーによる権利擁護の定義、「本人にとって価値ある生を生きる自由の獲得と拡大を達成するために必要な、アドボカシー、過程、社会資源から構成され、ソーシャルワーカーは権利擁護の実践にソーシャルワークの方法を用いる」とほぼ一致する。よってこのことからもわかるように、権利擁護が求められる実践に定義を当てはめて検証することは、実際に権利擁護がなされて

いるかの確認となりうるのである。

注)

1） 成年後見人等には，法定後見である後見人，保佐人，補助人が該当する。判断能力が欠けた程度がより重度な状態から後見，保佐，補助となる。またあらかじめ本人が希望する人に後見人等としての役割を依頼して契約を交わす任意後見人も成年後見人等に含まれる。

2） 判断能力については，法律上「事理を弁識する能力」と表記されており，成年後見制度の利用を家庭裁判所に申立てる際に，どの程度「事理を弁識する能力」が欠けているか専門医から鑑定を受けて判断される。

3） 実質，成年後見人養成研修を受けるには，生涯研修制度の基礎研修Ⅰ～Ⅲを最低3年かけて修了することが条件となっており，その後1年間の成年後見人養成研修を受講しなければならないため，少なくとも4年の期間が必要である。

4） 受任したケースは法定後見の3類型（後見，保佐，補助）に加え，任意後見契約，法定後見監督人，任意後見監督人に選任された件数の合計である。ただし，「ぱあとなあ」の名簿に登録されていない社会福祉士が成年後見人等として受任している場合もあるため，社会福祉士全体の受任件数は異なることが予想される。

5） 従来，成年後見人の役割の一つとして「身上監護」が用語として使われていたが，「成年後見制度の利用の促進に関する法律」の第3条で，「身上の保護」に改められた。この背景について新井（2016）は，「『監護』という用語が与えるパターナリスティックな印象を払拭して，少しでも本人中心主義を志向したいとの意図」があると説明している。

6） 平成25年1月～12月では，社会福祉協議会などの法人が成年後見人等として選任された件数が1516件であったが，平成29年1月～12月では2490件と増加している（最高裁判所　2014, 2018）。

7） 他の専門職としては，税理士，行政書士，精神保健福祉士が成年後見人等として受任している。

8） 成年後見制度の利用を申立てる先は，本人の居住地域を管轄する家庭裁判所である。申立ては本人を含めて4親等内の親族，検察官，首長（市町村長）となっており，親族による申立てが最も多く，次いで多いのは首長申立てとなっている（最高裁判所　2020）。

9） 介護保険制度の地域支援事業の中に，包括的支援事業があり，その一つが権利擁護事業である。具体的には高齢者の虐待防止，早期発見，成年後見制

度に関して必要な支援が地域包括支援センターの事業として行われることになっている。

10) 後見報酬は，基本的に1年間の実務の報酬としてまとめて支給される。成年後見人等が家庭裁判所に後見報酬の申立てを行い，家庭裁判所は被後見人本人の財産の状況と実務内容を勘案して報酬額を決定する。報酬額の基準が全国の裁判所には定められていると思われる。ただし，東京家庭裁判所のように公表している裁判所もあるが，全国一律に公表されているわけではない。多くのケースは報酬付与の審判がなされてから初めて報酬額がわかるという流れになっている。なお，本人に財産がなく，申立て費用や成年後見人等の報酬を捻出できない場合，各自治体が予算化している成年後見制度利用支援事業から拠出される。

11) 2016年に「成年後見の事務の円滑化を図るための民法及び家事事件手続法の一部を改正する法律」が成立し，それまで成年後見人等の事務の範囲外とされてきた死後事務の一部が成年後見人等として行えるようになった。具体的には，家庭裁判所の許可があれば，被後見人の死亡後，火葬，埋葬について成年後見人等として契約できることとしている（松川　2019）。

第 5 章

ソーシャルワークにおける権利擁護の再考

　ここまで権利擁護について理論的な考察と，成年後見人等の実務に照らし合わせた実践の整理という 2 つの方向から論じてきた。ここからは権利擁護の定義を用いてあらためてソーシャルワーカーの権利擁護を抽象的に論じてみたい。

1　「権利の非実現」への対応

　権利擁護の構成要素であるアドボカシー（行為）には，実定法上の法的権利だけではなく，法に規定されていない背景的権利としての道徳的権利もその射程に入れることはすでに述べた。「本人の主体化」がまさにそれであり，自分らしく生きる権利がどのように保障されるのかは法律で明文規定されているわけではない。よって法的権利としては保障や獲得の根拠を持たない。だからといって法に規定されていない権利は不要ということはではない。そもそも法そのものがつねに正しいとは限らない。ドゥオーキンは，民主主義が浸透した原則的に正しい社会でさえも「不正な法や政策を生み出すこと」があると認めている。また，徴兵法が存在するアメリカにおいて，自らの道徳的信念に基づいて「良心的」に法に従わない者に社会が不寛容であると，社会にとっても損失が大きいと指摘する。その不寛容が同じような道徳的信念を持つ者を排除するからである。一方で法律を遵守しない者が許容される社会は，より不安定さを増すとの批判に対し，多くの市民が道徳的な見地からその法律に不服従の立場を取る場合，その法律自体が憲法の根拠に

そぐわない可能性が高い[1]と述べる (Dworkin 1977)。つまり，道徳的権利が背景にない法的権利は，権利擁護の対象になり得ていないということである。だからこそ，法的に規定されていないまでも，道徳的権利の保障は重要なのである。

　では，この法的には規定されていない道徳的権利の保障や獲得の根拠をどこに求めればよいのか。法に規定されていないがために，侵害されたとしても救済の義務はなく，手立てがないように思われる。とはいえ社会福祉は，「本人の主体化」のような道徳的権利をも射程に入れて権利擁護の対象としている。道徳的権利は，それを保障，救済する義務の担い手があいまいなままである不完全義務[2]である。この不完全義務を考える際に参考となるのが秋元の提唱した「緩やかなルール」である (秋元　2010)。法律による明文規定がなくても，それに準ずる事業指針や理念規定などを「緩やかなルール」として広く柔軟に採用することで，道徳的権利を擁護する根拠となる。

　専門職後見人の実践でみられた身上保護には，道徳的権利を擁護するために，この「緩やかなルール」が設定されている。たとえば，社会福祉士の成年後見人等は本人への面会の頻度が多く，平均して月に一回は被後見人等と直接の面会を実施している。これは何より被後見人等の意思の尊重や自己決定を促すために，直接的な関わりから確認する必要があるためである。ただし，月一回の面会は成年後見制度に規定された義務ではない。よって，守らなかったとしても法的な措置が取られるものではない。しかし，本人の「価値をおく理由のある生」がどのようなものなのか，それを確認するためには本人との直接的な接触は重要であり，それを蔑ろにして「本人の主体化」を達成することは難しい。つまり法的責任は負わないまでも，無視はできない道徳的権利の擁護と位置づけられる。ここに「緩やかなルール」を当てはめるのである。すなわち，ソーシャルワークのグローバル定義にある，エンパワメントの促進や，日本社会福祉士会の倫理綱領にあるクライエントに対する倫理責任が該当する。よって社会福祉士による道徳的権利の擁護は，倫理綱領や行動規範など「緩やかなルール」を根拠とした実践を意味する。

　また，「緩やかなルール」は具体的な実効性を伴わない「宣言」にとどまるプログラム規定説を採用しているのではない。現に社会福祉士の成年後見

人等の組織である「ぱあとなあ」は，一年に一度活動報告の提出が義務づけられており，面会の頻度を申告しなければならない[3]。面会が月に一回に満たない場合は，その理由が求められる。つまり，できるだけ本人と直接接触する機会を設けるように，社会福祉士の倫理綱領における行動規範をもとにして「緩やかなルール」の遵守が課せられているのである。このように「緩やかなルール」は一定の権利義務関係を発生させる契機となっていることがわかる。ただ，あくまで理念規定や倫理綱領が根拠となっているため，法的な拘束力はない。つまり，この規定から外れた実践であっても権利侵害と認定されて法的な救済措置がとられるわけではない。一方で本人の「価値をおく理由のある生」が達成されないような状態を，秋元は「権利の非実現」という概念で示した（秋元　2010）。「権利の非実現」はセンのケイパビリティにも通じる。「価値をおく理由のある生」を成り立たせるための「自由」を獲得する諸機能が不足する状態は，権利侵害より広い「権利の非実現」を意味する。専門職後見人としての社会福祉士の実践には「本人の主体化」を達成するための身上保護に特徴がみられている。「本人の主体化」が果たせていない状態が，まさに「権利の非実現」であり，この「権利の非実現」までをも射程に入れるのがソーシャルワーカーによる権利擁護であったのである。

2　「発見されていない権利」＝「自由」

　法制化されていない道徳的権利を，一体誰が見つけるのか。さらにいえば，権利の主体と義務の担い手があいまいな「不完全義務」である権利は，誰がどのように見つけて，擁護されるべきものとして認知させるのであろうか。このようにいまだ「発見されていない権利」[4]への問いに対して，本稿ではソーシャルワーカーの実践に回答の可能性があると指摘したい。社会福祉の分野に権利擁護が登場した歴史的な背景を振り返ると，見過ごされてきた権利の発見の連続であった。社会福祉が権利擁護をその役割のうちに含んでいる限り，対象には必ず権利の侵害や剥奪が存在する。その意味で社会福祉の問題には，いまだ「発見されていない権利」が埋もれていることが多

く，対処するプロセスにおいて「道徳的権利」として発見されるのである。

　この「発見されていない権利」に最も近い存在がソーシャルワーカーであろう。岡村社会福祉論で検討した，個人の生活から問題を捉えるミクロな視点を兼ね備え，地域，社会に対して問題を提起していくメゾ，マクロ実践の中心にいるのがソーシャルワーカーだからである。既存の法制度には規定されていない道徳的権利に向き合うには，現時点で何が不十分であるのかを可視化する役割や，新しい資源の創設といったソーシャルアクションが欠かせない。社会福祉士の後見実践からもわかるように，身上保護には法的権利だけではなく，道徳的権利の擁護がみられていた。ここにこそ「発見されていない権利」を見つける可能性がみえる。憲法学上では，法に規定された具体的な権利と，具体化されていないまでも，人であるというだけで当然認められる基本的人権とが区別されていた。さらに，憲法の前文には，基本的人権とは人類が多年の努力の末に獲得した「自由」であることが明記されている。つまり，法的に規定もされておらず，道徳的権利としても認識されていない，いまだ「発見されていない権利」には，獲得すべき，あるいは拡大すべき「自由」が基底にあるといえる。その「自由」が発見されることで，法的権利の背景的権利として道徳的権利の芽が生まれる契機となる。よってこの「自由」は道徳的権利の素地ということになる。ソーシャルワーカーは道徳的権利が獲得されていない状態を「権利の非実現」として，「緩やかなルール」を設定して獲得を目指す。これは権利擁護の定義でも示した「価値ある生を生きる自由」の獲得，拡大であり，まさに「発見されていない権利」＝「自由」を捉える視点にほかならない。その自由を捉え，獲得，拡大していく過程において道徳的権利と認識され，必要性に応じて法的権利に確立されるという経緯をたどるのである。

　それでは，道徳的権利と認知されるための基準は何か。この問いは哲学的な考察を避けられないため容易に説明できるものではない。また，筆者の能力を超えており本稿で明確に提示するのは難しい。ただし，ソーシャルワーカーがその重要性を判断する参考程度の回答は示しておきたい。道徳的権利は法に規定されていない権利であることは繰り返し述べてきた。一方の法的権利は法に明文化されており，権利に対しての義務も救済の手立ても明確で

ある。これは裏を返せば，その法に規定されている範囲でしか擁護や救済の根拠を持たないことになる。道徳的権利は法制化されていないため，あいまいでその範囲は広い。いまだ発見されていない権利をも含むとすると，その射程の範囲は未知数である。そして，この道徳的権利は長らく正当性について争われてきた。そもそも正当性の根拠はどこにあるのかといった議論をはじめ，権利間の衝突の問題，衝突した権利の優劣の問題などである。

　道徳的権利は憲法学上の位置づけとしては，人であるというだけで尊重される「人権」にあたる。では，この人権の根拠は何かということになる。センは，「人権の妥当性を検討する出発点として適切なのは，それらの権利の背後にある自由の重要性でなければならない」として，この自由には自分自身だけではなく，他者の自由に関心をもつ理由にもなると述べた。人権に自由が重要な要素として組み込まれるには，重要性や影響可能性などを考慮した妥当性の範囲となる「閾値（条件）」の設定が必要である。それは他者の支援を義務化するほどの社会的重要性をもつものとした（Sen 2009）。この妥当性の閾値を決めるには，精査や評価の機会が開かれていることが条件であり，また，個人が孤立して行動したのでは果たせない支援に依存している。自由の実現に対する重要性と影響に加え，自らの置かれた状況を鑑みながら何ができるのかを真剣に考えることでしか，何が尊重の義務を生じさせる人権になり得るかは判断できない「不完全義務」なのである。一見あいまいさを増幅するようなこの議論は，反面，あいまいさを残すがゆえに多様性を取り込む包容力を有することにもなる。イグナティエフも「私たちが権利を持っているのはなぜなのか，それについて人びとの意見が一致することはないかもしれない」と述べたうえで，「人権を必要としているということについて意見を一致させることはできる」と強調する（イグナティエフ　2006）。まだ未発見である権利を標準化するのは困難であるかもしれないが，それは人権の理念が無意味であるということではない。

　もう一点，人権の基礎としての自由についてセンは指摘する。すなわち，人権の基礎は「自由」であるべきで，「利害」や「利益」ではないとする。もし，人権が利害や利益に基づいているとするならば，本人にとって利害や利益と関係がなければ生じないことになる。誰もがつねに自らの利益のため

に行動する場合ばかりではないことは、ソーシャルワーカーなら経験から知っているはずである。たとえば、より多くの収入を得られるAの仕事に就くよりも、興味、関心が高いBの仕事を本人が希望している場合、利益を人権の基礎におくのであれば、Bの仕事に就けないことは問題にならない。自由を基礎とするならば、自らの職業選択の自由が侵害されたことになり、人権の問題となる。

　第三者がどちらを優先するかは悩ましい問題であるが、利害や利益をもとにした人権では選択するプロセスの幅を狭め、「失敗する自由」を奪うことになる。程度にもよるが、ときに失敗は貴重な経験となることは古今東西広く共有されている事実である。人権の基礎が自由である理由がここにある。もちろん、自己決定、選択の自由を利益と置き換えることも可能である。ただし、利益は実益をもつものとしてイメージされやすい。第三者が本人の利益の観点から人権を考慮するのは、よほど注意をしないと矮小化されるおそれがあるため、やはり人権の基礎を自由とするほうが本人のエンパワメントにとって望ましいと考える。以上、道徳的権利である人権の正当性について若干の考察を行ったが、再度整理すると以下のようになる（**図5－1**）。

　　・正当性の根拠となる妥当性の閾値に、他者の支援を義務化する社会的重要性があること
　　・十分な情報をもとに開かれた環境で精査を受けてもなお、人権として認められること
　　・道徳的権利はあいまいさの残る「不完全義務」であるがゆえに多様性を取り込むこと
　　・人権は「利害」や「利益」よりも「自由」がもとになるべきであること

　最後に、ソーシャルワーカーが道徳的権利を擁護する意義について述べる。ソーシャルワーカーである社会福祉士は、「発見されていない権利」である「自由」を、個人の生活を原点とした実践から発見し、可視化することで社会の問題として提起する。そのため、この「発見されていない権利」＝「自由」を見つける先見性が必要である。さらに、「発見されていない権利」＝「自由」を拡大、獲得する権利擁護の実践は、「発見されていな」かった

図5−1 「発見されていない権利」＝「自由」を捉える視点

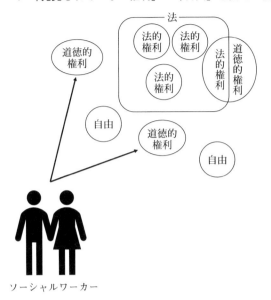

ソーシャルワーカー

出典：筆者作成。

のだから未経験であり，つねに先進性が求められる。よって，ソーシャル
ワーカーである社会福祉士には，「発見されていない権利」＝「自由」を見
つける先見性と，権利擁護実践に必要な先進性が備わっていなければならな
い。ここにこそ，ソーシャルワーカーによる権利擁護の意義があり，また，
それが固有の専門性ということもできる。

3　試論——死後事務は誰の権利か

　ここからは「発見されていない権利」＝「自由」を見つける先見性と，そ
れらを擁護する先進性について，可能な限り具体的に論じてみたい。専門職
後見人に対して行ったインタビュー調査を再度分析して，「発見されていな
い権利」＝「自由」の擁護にあたる実践の抽出を試みる。ただ，これはあく
まで試論の段階であるため，不十分な論の展開になることはあらかじめ断っ

ておきたい。

（1） インタビュー内容の再分析

　専門職後見人に対して実施したインタビュー調査では，発言内容に被後見人等の死亡後の事務である，いわゆる「死後事務」について語られたケースが確認された。専門職後見人がこの死後事務を取り仕切る場合，後見人というよりは知人としての立場から担っていると取れる内容が多くあった。被後見人等の死亡後，それまでの入院費用や施設利用料の支払いは後見人の権限で行えるが，葬儀の手配，納骨などは基本的には相続人の役割であり，後見人にそれらを担える権限はない。にもかかわらず相続人のいない被後見人等の死後事務は，後見人に頼らざるを得ないのが現実である。専門職後見人等に行ったインタビュー調査で語られた内容からは，葬儀や納骨，供養の手続きを進めた事例は決して少なくはなかった。その発言内容を詳しく見直したところ，具体的には法律職 4 名（弁護士 2 名，司法書士 2 名），社会福祉士 3 名から死後事務について確認できた（**表 5 － 1 ，2**）。

　法律職も被後見人等が亡くなった後の遺体引き取りや葬儀などを執り行わざるをえない状況にあることがわかる。弁護士 A の発言は親族の協力が得られないなかで，止むを得ず手続きを進めたと取れる内容である。弁護士 B もやはり行政に任せられないために死後事務をやらざるをえない状況であったことが推測される。司法書士 A は実際に死後事務を実施したかは不明であるが，「困る」こととして認識されており，死後事務を担う不安が読み取れる。司法書士 B は他の発言と若干スタンスが異なっている感がある。被後見人等の生前から葬儀についての契約を考えており，専門職後見人等としての実務に携わる段階で死後事務を視野に入れている。

　これらの発言内容から共通してみられる特徴は，死後事務に責任をもつ親族がいないか，協力が得られないため，本来成年後見人等の役割ではないにもかかわらず，担うことが避けられない状況という点である。これはほかでもない成年被後見人の死後事務を，本人以外の誰が担うのかという問題でもある。1992年の最高裁判決では，死亡後も効力が維持される委任契約の存在を認めている。学説上争いはあるものの，委任契約当事者間で死後事務につ

表5-1　死後事務についての発言内容（法律職）

	法律職
弁護士A	親族もみんな関わりを拒否しているので，病院からは遺体を早くどうにかしてくれということで，結局葬儀までこちらはやって…
弁護士B	亡くなって，体験してみて，市町村は（死後事務を）やろうとしなかったし，結局は後見人の方が色々やらないといけないことが多いんだなと思いましたね。
司法書士A	そういうのはちょっと心配なとこはあります。死後事務，財産継承ですよね，やっぱり困るのは。
司法書士B	本人さんの気持ちがまだお話できれば，葬儀屋さんと先に本人さんと契約してもらったりとかですね，準備しておかないといけないのかなと思ってます。

出典：筆者作成。

表5-2　死後事務についての発言内容（社会福祉士）

	福祉職
社会福祉士A	亡くなった後のこと，この方にはエンディングノートお渡しして色々書いてもらってるんですよ。お葬式はどういうとこでするとか，誰を呼んでとか…
社会福祉士B	最後亡くなった時も電話で頼んで，お骨取りに来てもらって。もともとはもう一切関わりませんって言っていた方も僕がフォローしますからっていうことでやってくれたりですね。具体的に言えば，息子との関係性が回復してお墓に入れてもらえるようになった人がいます。
社会福祉士C	（納骨などは）後見人としてではなく，もう，ひとりの人間として。私，4人か5人くらい入れてるんですよ，この市の墓地にも。

出典：筆者作成。

いて契約が結ばれた場合，委任者の死亡後も当然には契約の効力は消失しないといった判旨であった（谷口　2017）。

　民法では本人死亡後の意思を実現する方法として遺言を定めている。これは唯一死亡後の希望を託す制度と位置づけられる。よって，この死後事務についての委任契約の判例は，民法総則の基本的な考え方の例外といってよい（松川　2015）。補足するならば，これらの委任契約で実施できるのは，葬儀などの法要に必要な費用の支払い，入院費用等の支払いが該当する。この最高裁判決以降，死後も有効である委任契約が認められる判例が続いた。そして2016年には，「成年後見の事務の円滑化を図るための民法及び家事事件手

続法の一部を改正する法律（以下，円滑化法）」が施行された。この法律において，被後見人等の死後事務のうち，入院費用等の支払いや火葬・埋葬の契約が行えるようになったのである。この制度のねらいはあくまで，死後事務の「円滑化」にある。「円滑化」というのは，すなわち残されたものの手続きを円滑に進めるのが目的であり，よってこの制度は本人の周囲にいる親族や第三者のための仕組みといえる。

　次に福祉専門職である社会福祉士の発言内容を確認する。社会福祉士Aは，本人が死後，どうしたいのかを聞き取るとためエンディングノートを活用している。葬儀についての希望や，最後に誰に参列してほしいかなどは，あくまで本人の気持ちを優先して方針を立てている。社会福祉士Bは，被後見人等の死後，それまで不良であった親族との関係を再構築している。この働きかけにより被後見人等の墓を親族が見守ることにつながった。社会福祉士Cは，成年後見人等として関わりながらも，納骨などの死後事務について責任を感じており，成年後見人等というよりは「ひとりの人間として」対処することを想定している。

　以上が専門職後見人として社会福祉士が担った死後事務の発言内容である。今回のインタビュー調査の結果のみの分析であるため，傾向の一部を把握したにすぎないのではあるが，今後の研究材料として活用できると考える。

　上記3名の社会福祉士の発言内容に共通しているのは，死後事務の基本方針が本人の意思の尊重となっている点である。死後事務の円滑化を図り，残された相続人の手続き等の負担軽減よりも，負担の増加を招いたとしても本人の希望を優先している。社会福祉士Bは被後見人等の死後，親族には負担になることを承知の上，調整を図り結果的に関係性を回復させた。つまり被後見人等本人のために親族にはあえて負担を強いる働きかけを行ったと考えられる。社会福祉士Aは，被後見人等がどのように最後を迎えたいのか，また，自らの死後どのようにして欲しいか，その思いを直接汲み取ろうとしていた。この姿勢には身寄りがない被後見人が亡くなったときの，責任回避としての消極的な動機ではなく，本人の希望の実現に可能な限り尽力する積極的な動機がもとになっている。もちろん誰かが担わなければならないと

いった避けられない状況が影響しているのも否定はできない。ただし，少なくとも根底には本人の思いを優先する姿勢が確認できる。円滑化法の制定によって，死後事務の一部を後見人の権限で実施することが可能となった。この法律の意図するところは相続人への相続財産引き継ぎの円滑化や，入院していた医療機関への支払い，その他の賃料，公共料金を滞らせない点にある。いわば，亡くなった本人よりは残された者への対応が中心命題となっている。上記の社会福祉士の取り組みから感じられるのは，円滑化法が目的にした相続人や親族といった本人以外の者への負担軽減ではなく，本人自身の思いを優先する姿勢である。

（2） 被後見人等の権利としての死後事務

　再分析したインタビュー内容からは，法律職も社会福祉士も死後事務に対する責任を感じていることがわかった。また，社会福祉士に関しては本人の希望を優先する取り組みがなされている。自らの死後はどうありたいかをできる限り尊重しようとする姿勢が確認できた。これは死後についても本人の「自由」が根底になるものと考えられる。そこには選択の自由と自己決定という人権が根拠になっている。しかしながら死後は本人の存在そのものが失われるため，意思や希望も存在しないので死後事務が本人の権利と呼べるかどうかは現時点では不明である。

　どのように死を迎えたいかについては，本人の権利とする先行研究もある。たとえば，スイスのNPO法人「ディグニタス —— 人間らしく生き，人間らしく死ぬ」の理事長である，ルートヴィヒ・A・ミネリは，ヨーロッパ人権裁判所の判例を引き合いに出し，いつどのように死にたいかは自らに決定権があり，これを「自死への権利」と呼んだ（ルートヴィヒ・A・ミネリ 2016）。すなわちどのように生きたいかを決めるのは本人自身であり，またどのように死ぬかを決定することも自己決定権が当てはまる権利であると主張する。実際にこのNPO法人には「自死」を希望する世界中の人びとからアクセスがあり，治る見込みのない病を抱え，緩和ケアなどあらゆる選択肢を提示してもなお，自死を選択する場合には，厳格な手続きを経て「自死介助」が行われる。もちろん専門医による医学的な判断と処置が条件となって

いる。死の選択は取り返しのつかないものであり，その選択に至るまでに考えうるすべての方法が考慮されることになっている。特筆すべきなのは，ディグニタスに登録をして「自死介助」が承認された希望者のうち，実に70％はその後連絡がないという。つまり自らが望む死に方が確保された時点で，自死を思い止まらせているといった逆説的な現象が起きているのである。死に方の選択肢に自らの自由が反映されると，生を尊重する動機へとつながっているとも解釈できる。この解釈からは自らの死に自己決定権をもつことは，生の尊重につながると考えられる。

この「自死への権利」には当然批判も少なくない。「自死」とは区別されるものの「積極的安楽死」にまつわる議論では，それを権利として承認してしまうと他者によって生命の価値が判断されるおそれが生じ，最悪の場合は優生思想と結びついて価値のない生命は抹殺されるという批判である（平岡2005）。また，いったん「積極的安楽死」が容認されると，なし崩し的に安楽死が実施される状況に歯止めが効かなくなるという批判もある。いずれにしても「安楽死」の容認は優生思想へと結びつく危険性をそのうちに含んでいるといえる。本稿でこの問題を論ずるのは筆者の力量を超えており，機会を改めたい。ただし，この「死ぬ権利」の行使は，本人に判断能力がある場合に限って有効であり，成年被後見人等，判断能力が不十分，あるいは欠いた状態であると該当しない。それでは「死」について，成年被後見人等は，自らの意思によってそのあり方を第三者に検討させる影響力を持ち合わせないのであろうか。この点は社会福祉士の死後事務への取り組みから再度検討してみたい。

社会福祉士は専門職後見人として，被後見人等の意思を尊重しながら死後事務に向き合う姿勢がみられた。本人である被後見人等が自らの死を選択したわけではないため，死そのものに自己決定権はなく，あくまで葬儀や納骨など死後の事務について本人の意向を確認したということである。その意味で「死への権利」とは異なるが，この死後事務について本人がどうされたいか，どうありたいかの「自由」を尊重している。自らが死を選択する「自死への権利」や「積極的安楽死」については賛否両論があり，どちらか一方が人権の観点から選択されるべきとの判断はできない。ただ「権利」と関連さ

せて検討されている段階にあるという状況は，「発見されていない権利」ではなく，発見はされたが，その正当性について争っている段階，つまり「妥当性の閾値」の中に含まれて道徳的権利と承認されるかの検討段階ということができる。

　一方，判断能力が不十分な被後見人等の死後事務については，本人の意向を尊重することが「自由」の獲得，拡大につながり，道徳的権利になりうるかは，まだ検討段階にない。現実的には被後見人等が亡くなり，本人は存在しないにもかかわらず死後事務では本人の意思が尊重されている。これを「自由」の獲得，拡大と捉えられるのか，また，道徳的権利として承認を得られるのか，現時点では明確に回答することはできない。ただし，社会的重要性をもつものとして，他者からの支援を義務づける影響があるとするならば，本人にとって価値のある「自由」となる可能性もある。それはまさに「発見されていない権利」を死後事務の実践から擁護していることになる。

　先述したディグニタスの例を振り返ると，「死」の検討は「生」への意識に影響を与えていた。生の延長に死があり，両者は不可分なものだからである。両者を不可分一体なものとして捉える視点を考えるうえで，再生産労働の概念が参考になる。女性学から高齢者福祉へと研究の幅を広げた上野千鶴子は，著書のなかで再生産労働の範囲を育児から介護までに拡大した。育児は次世代を担う人材を育てるという意味において再生産労働であるが，高齢者介護はその理屈では説明できないのではないかとの問いに対して，綿密な理論構成で回答した。すなわち「再生産」の過程は生産・流通・消費に加え，移転・廃棄・処分で構成されており，これを人間の生命サイクルに当てはめると[5]，誕生から死亡までの人生のすべての局面に関わる労働と定義できると論じた（上野　2011）。この理論展開で介護を育児等と同様，再生産労働と位置づけ，その上位概念を「ケア」とした。この上野の再生産労働としてのケアを念頭に置きながら，死後事務を人生サイクルのどこに該当するのか検討するならば，「移転・廃棄・処分」局面の再生産労働であろう。また，局面にある死後事務はケアとしても成立することになる。そして，このケアは何より本人の主体化を果たすエンパワメントの支援が根底にある。そうすると，死後事務も本人の主体化が目的であり，道徳的権利が生まれる契

機となりうるのである。

　以上の考察から，死後事務についても，本人の意向を尊重するのは生への「主体化」へとつながる可能性をもつと結論づけられる。これは権利擁護の定義で示した，「本人にとって価値ある生を生きる自由の獲得と拡大を達成するために必要なアドボカシー」と一致する。よって死後事務はソーシャルワーカーが備えるべき「発見されていない権利」＝「自由」を見つける先見性と，権利擁護の実践に必要な先進性の具体例にあげられるかもしれないのである。

　注）
　1）　これは法を適用させなくてもよいという意味ではない。ドゥオーキンは，「法に対する不服従は『道徳的に』正当化されるかもしれないと認めつつ，しかし，それは『法的には』正当化されえない」という洗練された論証が多くの法律家や知識人に見られると指摘した。ドゥオーキン自身も，不服従に不寛容だからといって社会が崩壊するということにはならず，そのような証拠もないことを述べている（Dworkin 1977）。
　2）　「不完全義務」とは，権利の充足のために適切な援助を必要とする一般的な義務である。そのため，義務の担い手が特定されているわけではない。たとえば暴漢から暴力を受けない権利に対して，特定の個人に義務があるのではなく，誰もが義務の担い手になりうるという点で「不完全義務」である。これに対して義務の担い手が特定されたものを「完全義務」という。
　3）　毎年2月に成年後見人等として受任している社会福祉士は，決まった様式に報告内容を記載した報告書を都道府県社会福祉士会を通じて「ぱあとなあ」に提出しなければならない。この報告書には「ぱあとなあ」に登録されている社会福祉士の活動実績を集計するデータとしても活用される。もとより困難ケースへの対応など，会員間での情報共有にも反映されている。
　4）　この「発見されていない権利」には，実際に気づかれていない，あるいは見過ごされていたり，見逃されていたりするなどの意味を含むものとする。つまり，まだ見つかっていないものから，気づいてはいるが何らかの作用が働き無視されているか，目を逸らされているものまでが該当するということである。
　5）　人生のサイクルに「廃棄・処分」を当てはめることには上野も慎重であったが，一方で「廃棄・処分」という死や病気，障害の過程を公的な領域から排除して不可視化したことが，外部コストとしてのケアの過小評価につながっ

たとの指摘は重要である（上野　2011）。

終　章

本研究の到達点

1　総合考察

　本稿はこれまで権利擁護とは何か，ソーシャルワーカーによる権利擁護とはどうすることなのかを論じてきた。内容は権利擁護の理論的構築と，社会福祉士の実践がどうあるべきかの2点を中心に展開した。社会福祉士はソーシャルワークの専門職である。しかし，社会福祉士の国家試験に合格して登録したからといって，すぐに専門性が身に付くわけではない。この専門性の獲得を自らの課題と認識する社会福祉士は少なくない。だが，何を専門性とするのかを明確に意識できているかというと，どうも心許ない。専門性の確立には経験の蓄積はもちろん必要であるが，言語化して説明できる理論が必要である。冒頭で述べたが，実践に当てはめる道具としての理論の構築が専門職としては欠かせない。その過程を抜きにして経験に依存してしまうのは専門職ではない。なぜなら経験は個人の置かれた環境に影響してしまい，理論的な根拠のない支援は個人によって方法も理念も異なるからである。ソーシャルワーカーとしてうちに秘める「思い」は大切だが，それが実践のすべてだとしたら，いつまで経っても社会福祉は慈善事業の域を出ない。それは専門職とは呼ばない。

　社会福祉士は権利擁護を行うソーシャルワーカーである。権利擁護とはアドボカシーを構成要素とした上位概念であり，行為，過程，状態，仕組みから定義される。権利擁護の目的は「本人にとって価値ある生を生きる自由の

獲得，拡大の達成」であった。その「自由」はあいまいなままである基本的人権であり，法には規定されていないが社会的に重要な道徳的権利である。この道徳的権利には，義務の担い手が特定されている完全義務とは異なり，その義務を果たすことが，ある不特定の人にとって「良いこと」とみなされる理由がある。この道徳的権利のもとになっているのは，「自由」に基づく人権である。ただし，これは自明のものではなく，擁護することが社会的重要性を帯びているのか，十分な情報分析を踏まえて開かれた検討と精査が求められる。この「自由」を見つける先見性をソーシャルワーカー固有の専門性とした。また，この「自由」をみつけ，それを道徳的権利にまで昇華させて擁護することが，本稿で定義した権利擁護の実践であり，そこにはこれまで経験されたことのない先進性をもつことも確認した。この実践の一例として死後事務を検証した。未熟な試論ではあったが，ソーシャルワーカーの先見性と先進性について，今後の検討材料にはなると考えられる。

　本稿の中心命題は権利擁護であるが，その担い手である社会福祉士の現状についても検証した。そこからみえたのは，社会福祉士自身が就労環境において労働者としての権利を行使できていない，あるいは獲得できていない現実である。特に女性の割合が高い社会福祉士の労働環境は，女性にとっての働きやすさが整備されているとはいえない状況にあった。長く働いても役職に就けず，収入も男性に比較して少ない。また，家事，育児にかける負担を男性よりも圧倒的に女性に多く強いる日本社会で，両立して働くことが困難であるといった傾向が如実に現れていた。このような現実を打破するためには，個人の努力ではなく，労働者としての連帯と行動が求められよう。イェーリングはその著者で，自己の権利を主張するものに対して，必ずこれを無視しようとするか，阻止しようとするものがいるため，程度や形式の差はあれ，そこには闘争が必要となり，「権利のための闘争は，権利者の自分自身に対する義務である」と喝破した（イェーリング　1982）。この権利のための闘争は多様なかたちをとって現代でも繰り返されている。社会福祉士が権利擁護を使命とする限り，自らの権利を守る闘いを放棄してはならない。

　以上から，本研究の成果をあらためて示すと以下の3点になる。

　①アドボカシーと権利擁護の概念を整理して，理論的に定義を構築したこ

と

②ソーシャルワーカーである社会福祉士固有の専門性を明確にしたこと

③権利擁護の担い手である社会福祉士が自らの権利を獲得する必要性を明らかにしたこと

2 本研究が残した課題

　本研究はソーシャルワーカーを対象として論じてきたが，わが国のソーシャルワーカーは社会福祉士以外にも，精神保健福祉士をはじめとした多様な資格，職種が存在しており，今回それらを研究の対象にできなかった点に課題が残る。また，調査そのものも範囲が限定されており，対象者の選別が恣意的であると指摘を受けても反論するのは難しい。この点については今後の課題としたい。また，権利擁護の理論構築を目指したが，これを実践に使える道具であるかの検証も今後の研究に求められる。その際あらためて定義の見直し等も含めて深い考察が必要となろう。

　そして，何より社会福祉士である筆者自身が，社会福祉士の権利擁護のために何が必要かを具体的に考えていく必要がある。もちろん，研究者としての立場からの検討であり，本稿で述べた労働者としての社会福祉士について，労働ソーシャルワークを社会福祉学のテーマに加えて研究対象とするものである。岡村は，社会福祉学には現象を記述するだけにとどまらず，そこに含まれる問題をどうやって克服するかを論じる使命があると指摘した。この指摘は現代においても，いっそう重要性を増しているように思われる。また，社会福祉学は，方法・技術や哲学・思想ごとに何が本質なのかが長い間争われてきた。現代においてもその決着はみられないように感じる。ただ，社会福祉学は原理・原論といった理論と，ソーシャルワークの方法・技術を活用する実践の場が地続きである。よってそれらを統合した研究の視点が不可欠であり，筆者自身の課題としたい。

おわりに

　この原稿を執筆している時点で，新型コロナウィルス感染が世界中に拡大し，わが国でも地方の末端にまで感染が広がりを見せている。また，熊本県をはじめとした地域で「過去に経験したことのない」豪雨によって甚大な被害が発生している。ここ数年，毎年のように「過去に経験したことのない」災害が経験されている。よってもはやこれまでの常識や習慣が適用できない時代になっているといわざるを得ない。このような未曾有な病気の蔓延や災害の発生など，社会的に大きなインパクトの影響を受けるのは，日頃から権利の侵害に対して脆弱な人びとである。新型コロナウィルス感染拡大によって経済活動の停滞が取り上げられるが，もともと不安定な立場で仕事に就いていた人びとは，今の生活をどうするかという切実な問題に直面させられる。生活福祉資金貸付の窓口や生活保護申請の受付窓口は対応の許容範囲を超えており，とてもではないが，一律10万円の給付金やマスク2枚でどうにかなる問題ではない。

　しかし，この国には働くもの食うべからずの「自己責任論」がしっかりと根を張っており，働けない環境や状態をすべて「自分のせい」として片づけてしまえという圧力がものすごく強い。それは新型のウィルスや甚大な災害が発生してもなお，自己責任論を強調する国の姿勢に如実に現れている。その証左は，2013年，2014年，2015年の3回にわたって行われた生活保護基準引き下げに対抗して，全国29の地方裁判所に生活保護を受給している被保護者を中心とした1000人を超える原告が提訴した「いのちのとりで裁判」の最初の判決にみて取れる。基準引き下げには政治的意図が反映されているとの

原告の訴えに対し、国の「財政事情」と「国民感情」が考慮された妥当な措置として認めたうえで適法であるとして、名古屋地方裁判所は原告の主張を退けた。ここでの「国民感情」とは何を指すのか。「みんな苦しいのだから我慢しなさい」、「そもそも大変なのはあなたであって私には関係ない」だろうか。このようにはっきりとは表現されないまでも、貧困などの社会的な問題が個人の問題に矮小化され「あなたの考え方が変われば人生うまくいく」的な言説が溢れている。はっきりいって生活に困窮している状況にある人が、その人自身の考え方で問題が解消するケースを私は知らない。これらの「国民感情」がわが国のナショナルミニマムを左右するのなら、もはや生存権はどこまでも転がり落ちるだろう。

　一方で希望も見出せる。子どもの学習支援や子ども食堂、フードバンクなど、民間組織の取り組みは全国的に広がりをみせている。甚大な災害が発生した地域にもいち早くボランティア組織が立ち上がり、コロナウィルス感染拡大下でどのような支援活動が可能か模索されている。決して少なくない人びとが「このままではいけない」という思いを共有しているのである。

　ただし、注意しなければならないのは、一般市民相互の助け合いは社会保障や公的扶助にはなり得ないということである。ナショナルミニマムを保障するのは公的な責任である。一般市民相互の助け合いが公的責任の後退を後押しすることがあってはならない。相互の助け合いはもちろん必要であるが、それは助ける側の状況に左右される。助けられない状況にあるから、助けなくてもいいということにはならない。だからこそ公の責任と仕組みが必要なのである。この根拠に人権や権利を置いて主張することを怠ってはならない。人類が多年にわたる努力の末に獲得した基本的人権を手放すことがあってはならないのである。それを阻止する役割がまさにソーシャルワーカーに課せられている。本書が一貫して主張してきたのは、ソーシャルワーカーは権利擁護の担い手であり、その仕組みの確立にも寄与しなければならないということであった。生活を困難にする問題がこれほどまでに怒涛のごとく多くの人びとを囲い込む時代が過去にあったであろうか。それはつまり、権利擁護を担うソーシャルワーカーが今までになく求められているということでもある。

本書は博士論文を大幅に加筆，修正したものである。博士論文執筆にあたり指導いただいた先生方，共同研究でお世話になった先生方に深く感謝したい。先生方の指導，協力がなければ本書は完成しなかった。また，調査に協力いただいた弁護士，司法書士，社会福祉士の皆さんからもたくさんの新しい知見を授かり感謝の念に絶えない。本書を執筆しながら自らの研究の方向性が示されたように思う。

　最後に私が最も尊敬する社会福祉士に感謝の言葉を述べたい。その社会福祉士はまさに権利擁護を体現するソーシャルワーカーであった。誰よりも権利に敏感であり，わが国の憲法に規定されている人権を愛していた。また身近な人から地域，社会までをも視野に入れてソーシャルワークを行っていた。「社会福祉士が増えなければならない」がつねに口癖であった。確かに社会福祉士は増加しているが，本来のソーシャルワークを行えているとその人に伝えられる自信はない。だが残念ながらその人とは直接話すことはかなわなくなった。その代わりその人が残した宿題を必ずやり遂げなければならないという使命感が本書執筆の原動力となった。あらためて，その使命感を授けてくれた彼女に感謝したい。

参考文献

秋元美世（2007）『福祉政策と権利保障——社会福祉学と法律学との接点』法律文化社。

秋元美世（2010）『社会福祉の利用者と人権——利用関係の多様化と権利保障』有斐閣。

秋元樹（2019）『労働ソーシャルワーク——送り続けられたメッセージ／アメリカの現場から』旬報社。

秋山智久（2000）『社会福祉実践論——方法原理・専門職・価値観』ミネルヴァ書房。

秋山智久（2007）『社会福祉専門職の研究』ミネルヴァ書房。

新井誠（2016）「特集1 成年後見制度のこれまでとこれから——成年後見制度利用促進法と円滑化法の制定」『国民生活』No.51，1 - 5頁。

イェーリング（1982）『権利のための闘争』岩波文庫。

猪飼周平（2015）「『制度の狭間』から社会福祉学への焦点へ——岡村理論の再検討を突破口として」『社会福祉研究』122号，29-38頁。

イグナティエフ，マイケル（2006）『人権の政治学』風行社。

池田惠利子（2016）「成年後見制度利用促進法に期待すること——制度の支援を必要とする人のために　社会化の第一歩を」『実践成年後見』No.63，23-37頁。

稲沢公一（2020）「シリーズ　クローズアップ『社会福祉学の未来への視座　第5回』『理論福祉』という視座——フィクションとしての福祉を構築する試み」杉山博昭編『学会ニュース』日本社会福祉学会。

井上久美枝「第5章過去の運動を次の世代へ　歴史がつなぐ未来へのバトン」浅倉むつ子・萩原久美子・神尾真知子他編『労働運動を切り拓く——女性たちによる闘いの軌跡』旬報社，286-296頁。

岩崎香（2009）「成年後見制度とソーシャルワークにおける権利擁護（アドボカシー）」『精神保健福祉』vol.37, no.4, 375頁。

岩崎晋也（2018）『福祉原理——社会はなぜ他者を援助する仕組みを作ってきたのか』有斐閣。

岩田正美（2016）『社会福祉のトポス——社会福祉の新たな解釈を求めて』有斐閣。

岩間伸之（2011）「成年後見制度と社会福祉——その接点から新たな可能性を探る」『大原社会問題研究所雑誌』627号，19-29頁。

上田敏（2005）『ICFの理解と活用——人が「生きること」「生きることの困難（障害）」をどうとらえるか』きょうされん。

上野千鶴子（2011）『ケアの社会学』太田出版。

江口賀子 (2019)「介護支援専門員」九州社会福祉研究会編『21世紀の現代社会福祉用語辞典　第2版』学文社。

岡部卓 (2009)「第2章　貧困・低所得者問題と社会的排除」社会福祉士養成講座編集委員会編『新・社会福祉士養成講座16　低所得者に対する支援と生活保護制度　第5版』中央法規出版, 18-33頁。

岡村重夫 (1979)「第一編　社会福祉固有の視点と方法　第一章　方法論の再検討」岡村重夫・高田真治・船曳宏保著『社会福祉大系3　社会福祉の方法』勁草書房。

岡村重夫 (1983)『社会福祉原論』全国社会福祉協議会。

岡本民夫 (1985)「ケースワーク理論の動向Ⅰ」『評論・社会科学』26号, 67-86頁。

奥平康弘 (1993)『憲法Ⅲ 憲法が保障する権利』有斐閣。

神尾真知子 (2018)「第3章　男女雇用平等に立ちはだかった『保護と平等論』」浅倉むつ子・萩原久美子・神尾真知子他編『労働運動を切り拓く――女性たちによる闘いの軌跡』旬報社, 158-192頁。

上山泰 (2010)『専門職後見人と身上監護　第2版』新日本法規出版。

川﨑順子・日田剛 (2018)「社会福祉士の業務実態と専門性やキャリア向上の意識に関する研究――宮崎県社会福祉士会会員に調査結果から」『最新社会福祉学研究』第13号, 37-44頁。

川島武宣 (1967)『日本人の法意識』岩波新書。

菊池馨実 (2018)「第1部第1章第4節　社会福祉と法」菊池馨実・平田厚編『社会福祉学習双書2018　第13巻　法学　権利擁護と成年後見制度/更生保護制度』全国社会福祉協議会。

北野誠一 (2000)「第10章　アドボカシー（権利擁護）の概念とその展開」北野誠一・大熊由紀子・河野正輝編『講座　障害をもつ人の人権3 福祉サービスと自立支援』有斐閣, 149-159頁。

木戸利秋 (2007)「イギリスの社会福祉　7 福祉社会とパーソナルソーシャルサービスの展開」仲村優一・一番ヶ瀬康子・右田紀久恵監修、岡村民生・田端光美・濱野一郎他編『エンサイクロペディア社会福祉学』中央法規出版, 222-225頁。

木下康二 (2003)『グラウンデッド・セオリー・アプローチの実践――質的研究への誘い』弘文堂。

木下武男 (2007)『格差社会に挑むユニオン――21世紀労働運動原論』共栄書房。

木村草太 (2017)『憲法の急所――権利論を組み立てる　第2版』羽鳥書店。

京極髙宣 (2002)『京極髙宣著作集第2巻　専門職・専門教育』太平社。

倉田康路 (2013)「介護保険サービスにおける苦情の構造――国民健康保険団体連合会における苦情申立人に対するインタビュー調査の分析を通して」『社会

福祉学』第54巻，第2号、44-55頁。

黒川京子（2018）「朝日訴訟におけるソーシャルワーカーの専門性——日本社会
　事業大学所蔵のマイクロフィルム資料を専門職育成に活かすために」『日本社
　会事業大学研究紀要』64集、57-65頁。

厚生労働省（2018）『平成30年賃金構造基本統計調査の概況』。

厚生労働省（2019）『令和元年（2019年）労働組合基礎調査の概況』政策統括官
　付雇用・賃金福祉統計室。

厚生労働省（2019）『社会福祉士養成課程における教育内容等の見直しについて』
　社会・援護局福祉基盤課福祉人材確保対策室。

高良麻子（2017）『日本におけるソーシャルアクションの実践モデル——「制度
　からの排除」への対処』中央法規出版。

小西加保留（2007）『ソーシャルワークにおけるアドボカシー——HIV/AIDS患
　者支援と環境アセスメントの視点から』ミネルヴァ書房。

今野晴貴（2020）『ストライキ2.0　ブラック企業と闘う武器』新潮社。

最高裁判所（2014）『成年後見関係事件の概況——平成25年1月〜12月』最高裁
　判所事務総局家庭局。

最高裁判所（2015）『成年後見関係事件の概況——平成26年1月〜12月』最高裁
　判所事務総局家庭局。

最高裁判所（2016）『成年後見関係事件の概況——平成27年1月〜12月』最高裁
　判所事務総局家庭局。

最高裁判所（2017）『成年後見関係事件の概況——平成28年1月〜12月』最高裁
　判所事務総局家庭局。

最高裁判所（2018）『成年後見関係事件の概況——平成29年1月〜12月』最高裁
　判所事務総局家庭局。

最高裁判所（2019）『成年後見関係事件の概況——平成30年1月〜12月』最高裁
　判所事務総局家庭局。

最高裁判所（2020）『成年後見関係事件の概況——平成31年1月〜令和元年12月』
　最高裁判所事務総局家庭局。

税所真也（2016）「成年後見制度の市町村長申立てにおいて中間集団が果たす機
　能」『社会福祉学論評』16号、1-14頁。

佐々木隆治（2018）『マルクス　資本論』角川選書。

佐藤郁哉（2013）『質的データ分析法』新曜社。

佐藤彰一（2018）「第6章　意思決定支援を法学的視点から解説する」日本福祉
　大学権利擁護研究センター監修『権利擁護がわかる意思決定支援——法と福
　祉の協働』ミネルヴァ書房、141-166頁。

佐藤進（1980）「21 社会福祉における権利意識——その欠如と実態の問題点」秋

元美世編『リーディングス日本の福祉 5 巻 社会福祉の権利と思想』日本図書センター，319-329頁。

真田是（1977）『現代の福祉』有斐閣。

真田是（1989）「7 社会福祉理論研究の課題——岡村氏・孝橋氏の理論を借りて 2 社会福祉の機能——社会的機能と生活的機能」真田是編『戦後日本社会福祉論争』法律文化社，228-239頁。

志賀信夫（2016）『貧困理論の再検討——相対的貧困から社会的排除へ』法律文化社。

篠原拓也（2017）「社会福祉学における人権の特質と位置」『社会福祉学』Vol.57- 4 。

社会福祉振興・試験センター（2015）『社会福祉士・介護福祉士就労状況調査結果の実施概要』公益財団法人社会福祉振興・試験センター。

Schneider, R and Lester, L., 2000, Social work advocacy: a new framework for action, Canada: Brooks/Cole.

成年後見制度利用促進専門家会議（2020）『成年後見制度利用促進基本計画に係る中間検証報告書』。

Sen, A, K., 1992, Inequality Reexamined, Oxford University Press. （池本幸生・野上裕生・佐藤仁訳，1999『不平等の再検討 潜在能力と自由』岩波書店）

Sen, A, K., 2009, The Idea of Justice, Penguin Books.（池本幸生訳，2011『正義のアイデア』明石書店）

セン，アマルティア・後藤玲子（2008）『福祉と正義』東京大学出版会。

高木智史（2017）「現代リベラリズムにおける権利」田中孝一編『権利の哲学入門』社会評論社，163-177頁。

髙山直樹（1999）「ソーシャルワークと権利擁護」『ソーシャルワーク研究』Vol.25 No.2。

高谷よね子（2000）「福祉サービスを利用する高齢者のアドボカシーシステムの研究——米国の長期ケアオンブズマンプログラムの考察を通して」龍谷大学大学院社会学研究科1999年度博士学位論文。

田部宏之（2011）「成年後見人等の多問題生活に対するソーシャルワーカーと司法書士の共同支援——成年後見計画等の検討を通して」『司法福祉学』(11)，23-38頁。

田中拓道（2017）『福祉政治史——格差に抗するデモクラシー』勁草書房。

田中千香子（2008）「朝日訴訟の再考——生存権の法理と現代的意味」『茨城大学政経学会雑誌』(78)，185-202頁。

谷口聡（2017）「個人の生前意思実現法理としての死後事務委任」『高崎経済大学論集』第59巻，第 2 ・ 3 ・ 4 合併号，17-32頁。

長宏（2010）「9 堀木訴訟と朝日訴訟」秋元美世編『リーディングス日本の福祉　5巻　社会福祉の権利と思想』日本図書センター，127-130頁。

Dworkin, R., 1977, Taking Rights Seriously, Harvard Univ. Press. （木下毅・小林公・野坂泰司訳，2013『権利論［増補版］』木鐸社。

富田三樹生（2015）『東大病院精神科の30年——宇都宮病院事件・精神衛生法改正・処遇困難者専門病棟問題』青弓社。

西尾祐吾（2000）「第1章　第1節アドボカシーの原理　I　アドボカシーの定義」西尾祐吾・清水隆則編著『社会福祉実践とアドボカシー——利用者の権利擁護のために』2-7頁。

日本社会福祉士会（2017）『社会福祉士実習指導者講習会』公益社団法人日本社会福祉士会。

日本社会福祉士会（2018）「権利擁護センターぱあとなあ受任状況」『日本社会福祉士会ニュース』No.190,12-13頁。

日本社会福祉士会(2019)『ソーシャルワーク専門職である社会福祉士のソーシャルワーク機能の実態把握と課題分析に関する調査研究事業　報告書』公益社団法人日本社会福祉士会。

日本社会福祉士会（2020）「公益社団法人日本社会福祉士会の倫理綱領」公益社団法人日本社会福祉士会，https://www.jacsw.or.jp/01_csw/05_rinrikoryo/files/rinri_koryo.pdf

橋本勇人（2011）「医療・福祉・教育系大学における法学・日本国憲法教育のあり方(第2報)——社会福祉士養成課程の課題」『川崎医療短期大学紀要』31号，59頁。

樋口陽一（1996）『一語の辞典　人権』三省堂。

日田剛（2015）「成年後見制度についての意識調査から見えた後見人養成の課題——宮崎県社会福祉士会会員への質問紙調査の質的データ分析」『社会福祉士』，第22号，46-52頁。

日田剛（2017）「専門職後見人の実践における権利擁護に関する研究——首長申立てケース受任者へのインタビュー調査から」『社会福祉学』，Vol.58-3 No.123，14-26頁。

平岡章夫（2005）「『死ぬ権利』をめぐる考察——『死の自己決定権』の危険性」『社学論集』Vol.6，247-62頁。

平田厚（2012）『権利擁護と福祉実践活動——概念と制度を問い直す』明石書店。

Ferguson, I., 2008, Reclaiming Social Work: Challenging Neo-liberalism and Promoting Social justice, SEGE Publication. （石倉康次・市井吉興監訳，2012『ソーシャルワークの復権——新自由主義への挑戦と社会正義の確立』クリエイツかもがわ）

古川孝順（2007）「基礎構造改革の展望」仲村優一・一番ヶ瀬康子・右田紀久恵監修、岡村民生・田端光美・濱野一郎他編『エンサイクロペディア社会福祉学』中央法規出版, 194-197頁。

松井暁（2017）「マルクスの権利論」田上孝一編『権利の哲学入門』社会評論社, 147-59頁。

松川正毅（2015）「死後の事務に関する委任契約と遺産の管理行為」『実践成年後見』No,58,41-48頁。

松川正毅（2019）『新・成年後見における死後の事務——円滑化法施行後の実務の対応と課題』日本加除出版。

松倉聡史・三戸尚史（2017）「朝日訴訟最高裁判決50周年における現代的意義と課題——朝日茂の手記『人間裁判』をもとに生存権の性格を再考する」『名寄市立大学社会福祉学科研究紀要』（7）, 13-29頁。

松本英孝（2014）『主体性の社会福祉　岡村重夫著「社会福祉原論」を解く』三学出版。

水無田気流（2014）『シングルマザーの貧困』光文社。

武藤大司（2008）「社会福祉士養成課程における法学教育の今後——『権利擁護と成年後見制度』における実践的展開への一考察」『近畿大学豊岡短期大学論集』第5号, 61-73頁。

森田靖子（2016）「社会福祉士国家試験の変遷と通知等に見る行政指導——厚生労働省通知等からみた高齢者福祉分野科目の位置付け」『長野大学紀要』38（1・2）, 22-24頁。

Lister, R., 2004, Poverty, Polity Press.（松本伊知朗監訳・立木勝訳, 2011『貧困とは何か』明石書店）

Ludwig A. Minelli（2016）Rechtsfragen im Zusammenhang mit der Beihilfe zum Suizid.（柴嵜雅子訳「自死援助に関連する法的問題」『国際研究論叢』30（1）, 125-135頁）

資料

調査研究 1
　社会福祉士の業務実態に関するアンケート調査票

調査研究 2
　成年後見制度についての意識調査票（社会福祉士）

調査研究 3
　研究計画書・同意書

平成 28 年 11 月 1 日

社会福祉士の皆様へ

社会福祉士の業務実態に関するアンケート調査について（協力依頼）

○○○　川﨑　順子　・　日田　剛

　平素より本学の教育・研究にご理解ご協力いただき感謝申しあげます。

　この度、九州保健福祉大学 QOL 研究機構社会福祉学研究所の研究において、社会福祉士の業務実態を明らかにすることを目的に研究を行うこととなりました。その趣旨としまして、近年社会福祉士の実践領域は拡大し、地域の関係機関との調整、多職種連携等幅広くその役割を担うことが求められており、期待も高まっていると考えられます。しかし、社会福祉士がその役割を担える状況にあるのか、その業務実態については十分に把握されていない現状にあります。

　つきましては、社会福祉士の方々に、別紙のとおりアンケート調査を実施させていただきたいと存じます。

　本調査の趣旨をご理解いただき、是非ともアンケートにご回答のほどよろしくお願い申し上げます。アンケート回答後は、同封した返信用封筒に入れ、平成 28 年 11 月 25 日までに郵便ポストへ投函してください。アンケート回答をもって本調査に同意いただいたものとさせていただきます。

　なお、アンケート調査へのご協力はあくまで任意です。また、ご回答いただいた場合でも、そうでない場合も皆様に何ら不利益は生じません。調査で得られた情報は研究目的以外に使用しません。調査は無記名で、分析結果の公表については個人が特定されないよう統計処理を行います。

　また、得られた情報は調査者が厳重に保管、管理するとともに、回答いただいたアンケート調査表は研究室のロッカーに施錠して 5 年間保管し、その後シュレッダーにて破棄します。

　本研究は九州保健福祉大学倫理審査委員会の承認を得ております。加えて、宮崎県社会福祉士会の 8 月 21 日理事会において、会員の情報提供並びに調査実施の承認を得たところであります。

何かご不明な点がありましたら、下記までお問い合わせ下さい。

【問い合わせ先】
〒882-○○○○　宮崎県延岡市○○○町○○○
　　　　　　　　　　　　　　　川﨑　順子
電話 / FAX　○○○　　携帯　○○○　　メール　○○○

社会福祉士の業務実態に関するアンケート調査

　各設問について、該当するものに○をつけ、（　）には該当する内容を記載してください。

Ⅰ　基本属性・業務状況　（　平成 28 年 11 月末日現在　）

問1　あなたの　　　　年齢　（　　　　　歳）　・　　　性別：　男性　・　女性

問2　あなたが**取得している資格**は何がありますか？
　　　　　当てはまるものすべてに○をつけ、取得年を記入してください。

	取得資格に○	取得年	
①　社会福祉士	○	西暦	年
②精神保健福祉士		西暦	年
①　介護福祉士		西暦	年
②　看護師（准看護師を含む）		西暦	年
③　保健師		西暦	年
⑥理学療法士		西暦	年
⑦作業療法士		西暦	年
⑧介護支援専門員		西暦	年
⑨その他（　　　　　　　　　）		西暦	年

問3　あなたの福祉・介護・医療分野での**通算経験年数**は？
（通算　　　　年　　　　か月）

問4　現在、従事している**仕事の領域**はどれに当てはまりますか？　（○を1つ）
　　　①高齢者福祉関係　　②障害児・者福祉関係　　③児童福祉関係　　④医療機関
　　　⑤行政機関　　　　　⑥社会福祉協議会　　　　⑦司法関係　　　　⑧教育関係
　　　⑨その他（　　　　　　　　　　　）　　　　　⑩従事していない

問5　現在、従事している**主たる職種**はどれに当てはまりますか？　（○を1つ）
　　　①経営者　②施設長・管理者　③相談職　④ケアワーク職　⑤介護支援専門員
　　　⑥事務職員　⑦その他（　　　　　　　　　　）

問6　現在、従事している**法人種別**はどれに当てはまりますか？　（○を1つ）
　　　①　社会福祉法人（社会福祉協議会を含む）　　②　医療法人
　　　③　特定非営利活動法人　　④　社団法人・財団法人　⑤　民間企業(株式会社など)
　　　⑥　地方自治体　　　　　⑦　その他（　　　　　　　　　　　）

問7　現在の職場に**従事している年数**は、何年ですか？（同法人で異動した場合でも通算した年数）

　　　① 　1年未満　　② 　1年以上3年未満　　③ 　3年以上5年未満

　　　④ 　5年以上10年未満　　⑤ 　10年以上

問8　現在、従事している**勤務形態**はどれに当てはまりますか？（○を1つ）

　　　① 　正規職員　　② 　非正規職員（常勤）　　③ 　非正規職員（パート等）

　　　④ 　派遣職員　　⑤ 　その他（　　　　　　　　　　　　　　）

問9　職場では、社会福祉士の資格手当や給与ベース等の**優遇**が設けられていますか？
（○を1つ）

　　　① 　設けられている　　② 　設けられていない　③わからない

①　　設けられていると答えた方

ア　資格手当	①ある（月額　　　　　円）	② ない
イ　　資格取得時に給与ベースが上がる	① 　ある（具体的に：	② ない
ウ　資格取得のための助成金（受験料や講習参加経費の助成等）	① 　ある（具体的に：	③ ない
エ　その他の優遇措置	① 　ある（具体的に：	②ない

問10　平成27年度の**年収**はどの程度でしたか？（○を1つ）

　　　① 　200万円未満　　② 　200万円以上300万円未満

　　　③ 　300万円以上400万円未満　　④ 　400万円以上500万円未満

　　　⑤ 　500万円以上

Ⅱ　社会福祉士としての実態

問11　あなたが社会福祉士の資格を**取得しようとした動機**で、当てはまるもの上位3つ
　　　を選択して枠に番号を記入してください。

　　　① 　専門職としての知識・技術を得るため

　　　② 　他の専門職との連携の際に、資格があったほうがよいため

　　　③ 　職場から資格取得を求められたため

　　　④ 　他の職員を指導する立場になったため

　　　⑤ 　就職・転職に有利なため

⑥　正職員として雇用されるため

⑦　資格取得すると給与があがるため

⑧　職場での職位の向上・昇格のため

⑨　その他 (　　　　　　　　　　　　　　　　　　　　　　　　)

上位1番	上位2番	上位3番

問12　現在、社会福祉士の**資格を活かした業務**ができていると思いますか? (○を一つ)

①　社会福祉士の資格を中心とした業務ができている

②　社会福祉士の資格を中心とした業務はできていない

　　(社会福祉士ではなく他の資格の業務が中心である)

③　その他 (　　　　　　　　　　　　　　　　)

問13　社会福祉士の資格を取得した**メリット**にはどのようなことがありますか?

　　当てはまるもの上位3つ以内を選択して枠に番号を記入してください。

①　自信をもって業務に取り組むことができるようになった

②　視野が広がり、やりたいことが見つかった

③　希望していた職種につくことができた

④　利用者等からの信頼度が増した

⑤　他の専門職や職場などから認めてもらえるようになった

⑥　昇格・昇進や給与アップにつながった

⑦　ネットワークが広がった

⑧　その他 (　　　　　　　　　　　　　　　)

上位1番	上位2番	上位3番

問14　自分の仕事 (業務) や社会福祉士について、該当する欄に○を入れてください。

	①　思う	②どちらともいえない	②　思わない
1．自分の仕事は「やりがい」がある			
2．自分の仕事に「誇り」を持っている			
3．自分の仕事に「自信」を持っている			
4．自分の仕事は「専門性」が必要である			
5．社会福祉士の知識が活かされている			
6．仕事を通して自分自身も成長している			
7．これからも仕事を継続していきたい			
8．これからもスキルアップしていくことが必			

要である			
9．社会福祉士の社会的評価は高まっている			
10．社会福祉士会の活動に積極的に参加している			
11．社会福祉士会への期待はますます大きくなる			

Ⅲ　専門職に関する意識

問 15　社会福祉士会に**加入した動機**について、1 つ選んで○をつけてください。
　　①　さらに専門性を高めるため　　②　ネットワークを広げるため
　　③　就職・転職に有利なため　　④　情報収集するため　　⑤　人に勧められたため
　　⑥　その他（　　　　　　　　　　）

問 16　社会福祉士会への**期待**にはどのようなことがありますか？上位 3 つを選択し枠に
　　番号を記入してください。
　　①　会員間の交流を増やす
　　②　スキルアップの研修を増やす
　　③　関係機関や他の専門職能団体とのネットワークを広げる活動をする
　　④　会員の能力や専門性を発揮する機会を広げる（研修講師など）
　　⑤　社会福祉士の応募や就職に関する情報提供を充実する
　　⑥　会員の幅広い実践活動を知る機会をつくる（実践活動報告会など）
　　⑦　調査・研究活動を推進する
　　⑧　会員同士の相談体制を充実する
　　⑨　施策提言などのソーシャルアクションを　推進する
　　⑩　その他（　　　　　　　　　　　　　　）

上位 1 番	上位 2 番	上位 3 番

問 17　あなたは、今後さらに**キャリアアップ**したいと思いますか？（○を 1 つ）
　　　　①　思う　　　②　どちらともいえない　　　③　思わない
　　（問 17 で①思うと答えた方）　どのようなキャリアアップを目指したいですか？
　　　　当てはまるもの全てに○をつけてください。
　　　　①　認定社会福祉士・認定上級社会福祉士を目指したいと思っている
　　　　②　後見業務を担いたいと思っている
　　　　③　独立型社会福祉士事務所を開設したいと思っている

④　教育関係機関（専門学校・大学教員）に従事したいと思っている

⑤　自分で事業所を立ち上げ経営をしたいと思っている

⑥　他の資格も取得したいと思っている

　　（取得したい資格　　　　　　　　　　　　　）

⑦　今の職場で経営者・管理者に昇格したいと思っている

⑧　社会福祉士の資格を活かせる職場に転職したいと思っている

⑨　その他（　　　　　　　　　　　　　　　　）

問 18　今後さらに社会福祉士が社会的に評価されるためには、どのような取り組みが必要
　　　だと思いますか？あなたの考えを自由に記述してください。

ご協力ありがとうございました。

> 調査研究 2　成年後見制度についての意識調査から見えた後見人養成の課題
> ～宮崎県社会福祉士会会員への質問紙調査の質的データ分析～

一般社団法人
宮崎県社会福祉士会会員各位

「成年後見制度についての意識調査」ご協力のお願い

○○○　日田　剛

　謹啓　秋涼の候、時下ますますご清祥の段、お慶び申し上げます。

　私は、九州保健福祉大学に在籍している日田剛と申します。突然このような依頼をさせていただく非礼をお詫び申し上げます。

　今回、社会福祉士の皆様が成年後見制度について、どのような意識をお持ちであるか研究するために、アンケート調査を実施したいと希望しております。

　そして、まだまだ課題の多い成年後見制度を、使いやすい制度にするために必要なことを提示したいと考えております。つきましては、研究の趣旨をご理解の上、本アンケート調査にご協力いただければ幸いに思います。アンケートの記入に際しましては下記の「ご回答にあたってのお願い」をご参照願います。

　なお、このアンケート調査は研究を目的とするものであり、お尋ねした結果につきましては統計処理を行いますので、回答者のお名前や所属機関名が外部に漏れるようなことは一切ありません。何卒ご協力いただきますようよろしくお願い申し上げます。

謹白

※ご回答にあたってのお願い
・恐れ入りますがご回答いただきましたアンケートは同封の返信用封筒にて<u>平成 25年 10 月 31 日（木）</u>までにご返送いただければ幸いです。
・この調査に関しまして、疑問、質問等ございましたら下記までお問い合わせ下さい。

```
問い合わせ
　〒882-○○○○
　延岡市○○町○○○○
　　　　　日田　剛
　電話○○○○　FAX○○○○
　Mail○○○○
```

成年後見制度についての意識調査

※該当するものに○を付けてください。
性別

1. 男性　　　2. 女性

現在の所属機関

1. 児童福祉関係施設　　　2. 身体障害者福祉関係施設　　　3. 知的障害者福祉関係施設
4. 精神障害者福祉関係施設　　　5. 高齢者福祉関係施設　　　6. 社会福祉協議会
7. 福祉事務所　　8. 医療機関　　9. 行政機関　　10. 教育機関　　11. 一般企業
12. 独立型社会福祉士　　　13. 地域包括支援センター
14. その他　（　　　　　　　　　　　）

社会福祉士としての経験年数

1.　1年未満　　　2.　1年以上3年未満　　　3.　3年以上5年未満
4.　5年以上7年未満　　　5.　7年以上10年未満　　　6.　10年以上

成年後見制度に関する質問

問1　成年後見制度の利用を支援したことがありますか？

1. ある　　　　2. ない

問2　「ある」と答えた方にうかがいます。
　　　利用を支援する際に困難に感じた点は何ですか？（複数選択可）

1. 手続きが難しい　　　2. 金銭的負担が大きい　　　3. 制度に対する知識不足
4. 本人の判断能力の見極めが難しい　　　5. 家族への説明が難しい
6. 本人との関係が難しい　　　7. 医療同意について　　　8. 保護者制度との関係
9. 自己決定権を侵害するのではないかというおそれ
10. その他

問3　今後、社会福祉士が後見人として受任を増やす必要があると思いますか？

・ある
　　その理由（任意）

　　［　　　　　　　　　　　　　　　　　　　　　　　　　　　　　　］

・ない
　　その理由（任意）

　　［　　　　　　　　　　　　　　　　　　　　　　　　　　　　　　］

　・どちらとも言えない

問4　「ぱあとなあ」が実施する後見人養成研修を受講したいと思いますか？

　1. 思う　　　2. やや思う　　　3. あまり思わない　　　4. 思わない

問5　「1. 思う」「2. やや思う」と答えた方にお伺いします。その理由をお答え下さい。（複数選択可）

　1. 後見活動にやりがいを感じると思う　　　2. 日々の業務で必要性を感じた
　3. 後見人を直接依頼された　　4. 成年後見制度を理解したい
　5. 社会福祉士の役割だと思う　　6. 将来的には後見活動を独立して行いたい
　6. その他

　　［　　　　　　　　　　　　　　　　　　　　　　　　　　　　　　］

問6　「3. あまり思わない」「4. 思わない」と答えた方にお伺いします。その
　　　理由をお答え下さい。（複数選択可）

　1.　　　「ぱあとなあ」のことを知らない　　2. 本来業務と後見活動の両立が難しい
　3. 職場の理解が得られない　　4. 権利侵害へのおそれ
　5. 社会福祉士の役割だとは思わない
　6. その他

$$\Big(\qquad\qquad\qquad\qquad\qquad\qquad\qquad\qquad\Big)$$

　　　　　　　　　　　　　　　　　　ご協力ありがとうございました。

調査研究 3　専門職後見人の実践における権利擁護に関する研究
　　～首長申立てケース受任者へのインタビュー調査から～

研究説明書

　本文書は、この研究におけるインタビュー調査への協力をお願いしたく、研究内容などについて説明したものです。この文書をご理解いただいたうえで、インタビュー調査に協力していただける場合には同意書に署名することにより同意の表明をお願いいたします。もちろん、同意していただけないからといってそれを理由に不利益を被ることはありません。

　以下にインタビュー調査協力への同意に関わるいくつかの重要な点を説明いたします。

1．研究課題名
　専門職後見人の実践における権利擁護に関する研究
　～首長申立てケース受任者へのインタビュー調査から～
2．研究機関名と研究者氏名
　1）研究機関名　九州保健福祉大学
　2）研究者　　　九州保健福祉大学大学院連合社会福祉学研究科博士後期過程
　　　　　　　　　日田　　剛

3．インタビュー実施場所
　九州保健福祉大学内 B-404 または、対象者が希望する場所

4．研究の目的、意義
　本研究では成年後見制度の理念（権利擁護）に則った利用の促進を図るため、権利擁護達成に必要な要素は何かを具体的に示すことを目的とします。特に権利が侵害される可能性が高いと思われる首長申立てケースを受任している専門職後見人の実践から、具体的に何が権利擁護に当たるのかを見出します。現在専門職は弁護士、司法書士、社会福祉士と主に法律職、福祉職の専門家が担っています。それぞれ専門性が違う中で、権利擁護のためにどのような後見実践が行われているのかを明らかにすることは、制度利用者の権利を擁護するうえで普遍的な要素の抽出につながると考えます。

5．研究の方法
　1）面接者について
　お話を伺うのは研究者の日田剛が 1 名で行います。日田は社会福祉士、　精神保健福祉士の資格を持ち、高齢者施設の相談員（介護業務も含む）として 5 年、介護福祉士養成校の専任教員として 7 年と、福祉機関、教育機関で勤務してまいりました。その後平成 25 年度より九州保健福祉大学において社会福祉士、精神保健福祉士、介護福祉士の養成に携わっています。

2）面接方法

　基本的に準備した質問項目に沿ってお話を伺いますが、その場の流れを尊重する半構造化面接法を採用します。その際、内容を正確に把握するため録音する許可をいただきたいと思います。もちろん録音を断っても構いません。その場合はメモを取らせていただきます。お話を伺う時間は約 60 分から 90 分を予定しておりますが、中断を希望される場合はその時点で終了いたします。

3）情報の取り扱い

　研究における情報の取り扱いには、氏名、年齢、住所その他の個人情報に関することが特定されないよう、細心の注意を払います。なお、録音、メモなどは分析が終わり次第破棄します。

6．この研究に関する情報の開示

　この研究に関する情報は、必要であればいつでも開示いたします。その際は文書、データ、ご希望するいずれかの方法で提供いたします。

7．研究への参加・協力について

　このインタビュー調査は、参加や協力を強制するものではありませんので拒否する権利があります。お断りになっても一切不利益を被ることはありません。インタビュー調査への参加・協力は自由な意思によって決定してください。

　また、一度このインタビュー調査への参加・協力を同意した場合であっても、いつでも途中でやめることができます。さらにインタビュー調査において、どのような質問も答えなければならないというものではありません。

8．結果の開示

　研究がまとまった段階でご連絡させていただきます。なお、研究が博士論文でまとまった際には閲覧できます。末尾の連絡先にお問い合わせください。

9．プライバシーの保護について

　このインタビュー調査で録音したデータや記録は、研究者および逐語録作成者以外に共有されることはありません。秘密は厳守します。また調査で得られた個人情報を第 3 者に提供することはありません。

10．研究結果の公表方法

　この研究結果は博士論文としてまとめ、また社会福祉系学術雑誌に投稿する予定です。研究結果の閲覧を希望される場合は、日田までご連絡ください。

11．研究中・終了後の対応方法について

　研究中・研究終了後に、不快な体験をされるようなことがありましたら、いつでも下記の連絡先にお問い合わせください。

12．研究にかかる資金源について

　この研究にかかる費用については、私個人の研究費から支出いたします。そのため協力者による金銭的負担はありません。

13．研究終了後のデータの取り扱いについて

　インタビューでお聞きした内容のデータ（文章にしたもの）については、協力者の許可があれば、新たな研究にて使用させていただきたいと考えています。データを再利用することの許可がいただけなければ、速やかにデータは消去します。データの使用や保管について、一度許可をしても、その後撤回することもできます。その場合は下記の問い合わせ先へ電話、メール、郵送、ファックスいずれかの方法でご連絡ください。

14．研究者への問い合わせ

　住所：〒882-○○○○　宮崎県延岡市○○町○○
　電話：○○○○　　FAX：○○○○
　E-mail:○○○○
　九州保健福祉大学社会福祉学部臨床福祉学科　助教　日田　剛

同　意　書

九州保健福祉大学
連合社会福祉学研究科博士後期課程
日田　剛　殿

　私は「社会福祉士の権利擁護実践に関する研究〜成年後見制度に焦点を当てた調査から〜」について、以下の説明を受けました。

- ☐　研究課題名
- ☐　研究機関および研究者
- ☐　インタビュー実施場所
- ☐　研究の目的、意義
- ☐　研究の方法
- ☐　この研究に関する情報提供について
- ☐　研究への参加・協力について
- ☐　結果の開示
- ☐　プライバシー保護について
- ☐　研究結果の公表方法
- ☐　研究中・終了後の対応方法について
- ☐　研究にかかる資金源について
- ☐　研究終了後のデータの取り扱いについて
- ☐　研究者への問い合わせ

上記の研究について私が説明をしました。

　　　　　　　　説明年月日　　＿＿＿＿＿年＿＿＿＿月＿＿＿＿日
　　　　　　　　研究責任者　　＿＿＿＿＿＿＿＿＿＿＿＿＿＿＿＿

上記に関する説明を十分理解したうえで、研究に参加することに同意します。
なお、この同意はいつでも撤回できることを確認しています。

　　　　　　　　同意年月日　　＿＿＿＿＿年＿＿＿＿月＿＿＿＿日
　　　　　　　　研究協力者ご署名＿＿＿＿＿＿＿＿＿＿＿＿＿＿

提供する試料、情報等が本研究終了後も保存され、将来新たに計画・実施される研究に、倫理審査委員会の新たな承認の後、使用されることに同意します。
なお、この同意はいつでも撤回できることを確認しています。

　　　　　　　　同意年月日　　＿＿＿＿＿年＿＿＿＿月＿＿＿＿日
　　　　　　　　研究協力者ご署名＿＿＿＿＿＿＿＿＿＿＿

著者紹介

日田　剛（ひた　つよし）

九州保健福祉大学社会福祉学部講師，NPO 法人ままのて理事，一般社団法人
宮崎県社会福祉士会理事，一般社団法人権利擁護支援センターこうけん延岡
理事。
1978 年生まれ。九州保健福祉大学大学院連合社会福祉学研究科社会福祉学専
攻博士（後期）課程修了。博士（社会福祉学）。
専門はソーシャルワーク，権利擁護。

〈主な著作〉
『地方都市から子どもの貧困をなくす──市民・行政の今とこれから』〔分担
執筆〕（旬報社，2016 年），『歴史との対話──現代福祉の源流を探る』〔分担
執筆〕（大学教育出版，2018 年）など。

ソーシャルワークにおける権利擁護とはなにか
「発見されていない権利」の探究

2020 年 10 月 25 日　初版第 1 刷発行

著　者	日田　剛
デザイン	波多英次
発行者	木内洋育
編集担当	今井智子
発行所	株式会社　旬報社
	〒 162-0041 東京都新宿区早稲田鶴巻町 544 中川ビル 4F
	Tel03-5579-8973　Fax03-5579-8975
	ホームページ　http://www.junposha.com/
印刷製本	シナノ印刷株式会社